JN027225

ソファは部屋の真ん中に

買わない・捨てないで
部屋は心地よくなる

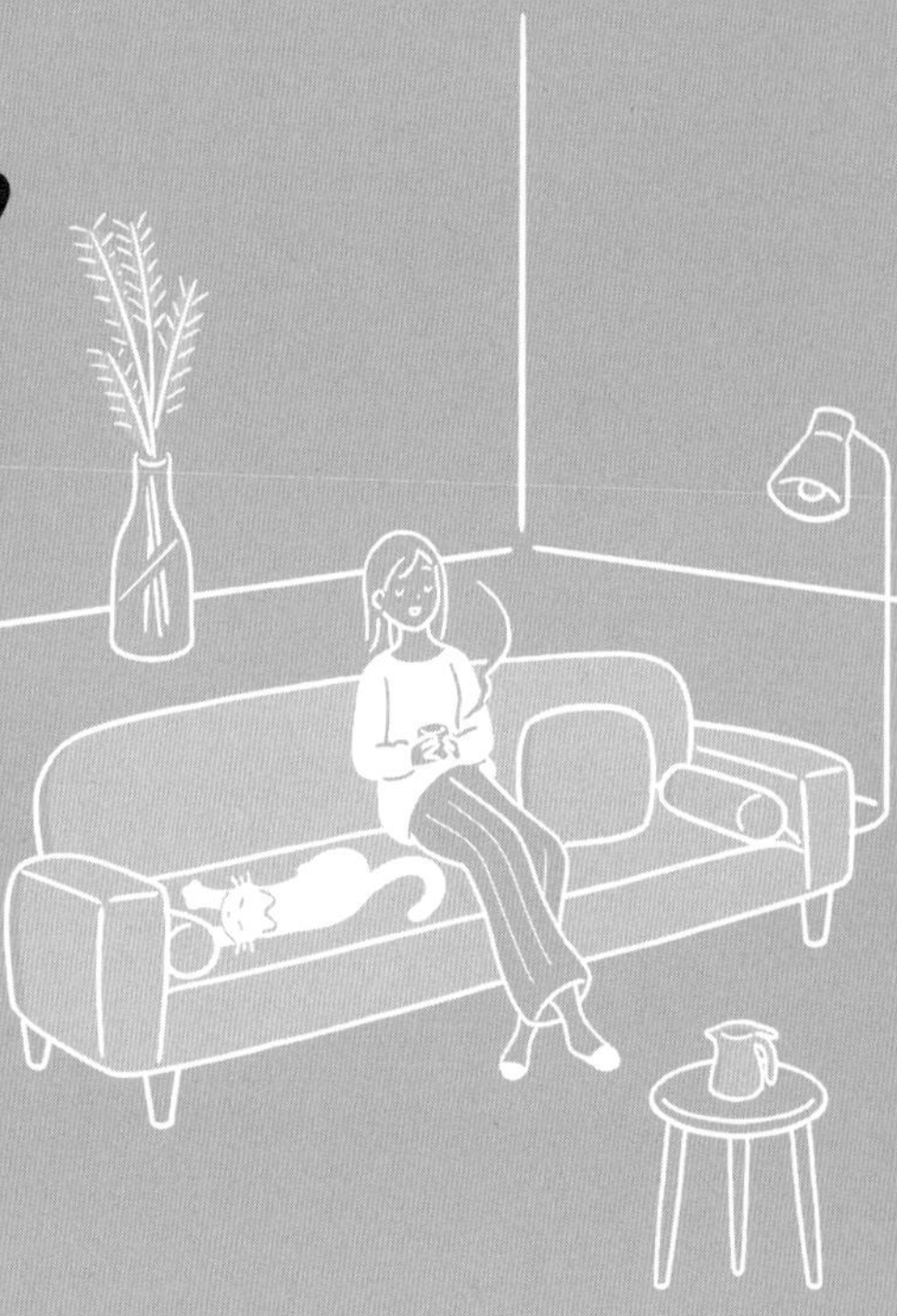

内藤怜
Rei Naito

自由国民社

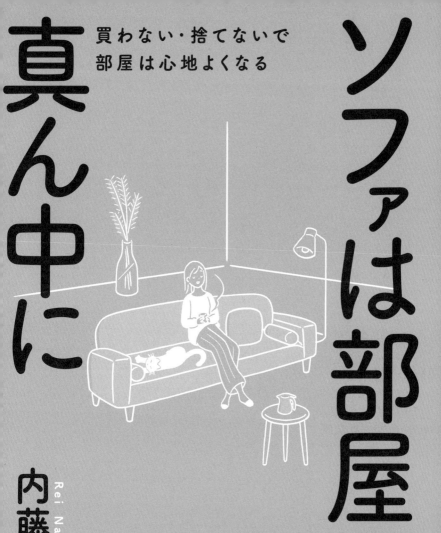

はじめに　あなたの場所、ありますか

この本は、インテリアについて学ぶための本ではありません。

読み終えるまでに心地が悪いと感じているお家が一変。

あなたが主役の毎日胸がキュンとするお家に変わる。

まさに超実践型の本になっています。

しかもそれを「買わない・捨てないで」実現する、という夢のような内容です。

こんなお話をしたら、「そんなオイシイ話があるはずがない…、できるはずがない…」そう思うのも無理はありません。

インテリアといえば、センスが必要だし、何より難しいというのが世間一般の常識でした。学んだところで、パターンが多く、自分に当てはめて考えなければならないのがほとんどでしたからね。

しかも本書を手に取ってくださったあなたは、これまでにいろいろなことを試してきたはずです。

「大量の物とお別れして、片付けにも取り組んだのに…、まだ心地よくならない」

「自分の好きな物しかもっていないのに、どうもしっくりこない…」

これらは大変よくお聞きするお悩みですが、ここまでいろいろと頑張ってきたからこそ、そんな悩みが簡単に解決するわけがないと思われるのも当然のことだと思います。

でもそんなあり得ないことを起こす。それがこの本です。

私がここでお伝えする方法は、これまでのインテリアの常識からすれば、あり得ないことの連続で…かなり非常識です。

実際に私のお客様も最初は半信半疑の方がほとんどなので、あなたのお気持ちもお察しいたします。

ところが最終的に、私のメソッドを元にお部屋が変わった人は、**たった一日で、いや時にはたった10分で、長年抱えてきた問題を解決**し、毎日笑顔になるお部屋を手に入れています。

そう、それぐらい即効性のある内容でもあります。

さらにもうひとつ。このメソッドを元に、全国の方を対象に、オンラインスクールを開催しているのですが、そこでは、**一度もリアルにお会いすることもなく、実際にお部屋を見ることもせずに、自分史上最高のお部屋を【自分の手で】手に入れていらっしゃいます。**

しかもご年齢は、30代から60代までと広範囲。そう、それぐらい汎用性のあるものにもなっています。

でも、なぜセンスが必要とか難しいと言われているインテリアでそんなことができるのか…、そのあたりが気になりますよね。

それは私が実際に現場で感じ、解決してきたお悩みには、全て共通点があり、それは物凄くシンプルな方法で解決できるということに気づいたからです。

私のお客様は95％が女性で、そのうちの8割がご家庭をお持ちの奥様です。皆さん本当にお優しい方ばかりで、ご主人のため、お子さんのため、お父様やお母様のためにお家を心地よくしようと、私のところにいらっしゃいます。

特によく伺うのが、「大量の物とお別れしてスッキリしたのに、どうもお部屋がしっくりこない…」というお悩みです。

実際に部屋を見せていただくと…これは心地よいわけがない。これまで何百件と家を見てきた私には、一発でその原因を突き止めることができます。それはお部屋を見なくても、写真だけでも、いやいや平面図だけだってわかることがほとんどです。

さて、ここまでくると、心地悪さを生み出す原因が何なのか…気になりますよね（笑）。

それがずばり…家具の配置にあったんです。

子供部屋もご主人の書斎もあるのに、ママの場所はない…。ダイニングで食事して、腰かけたと思えば、また立ち上がり料理に洗濯に家事に大忙し。ママの定位置は常にキッチン。泣ける場所もない…。そんなお話もよく伺います。

そう問題はつまり、**家具の配置による、自分の場所の欠如。**これが原因だったわけです。

そんな状態では、どんなに好きな物しかもっていなくても、必要な物しかなくても、心地よいお家になるわけがありません…よね。

家具の配置＝自分の場所を作ることでもあります。

家族を思うがあまり、気づけば家の中も家族優先。自分の思いに蓋をしてしまい、蓋をしていることにすら気付かなくなっている。こんな優しいお母さんが、まだまだたくさんいらっしゃいます。でも家って何が大事かって、やはり何よりお母さんであり、奥様の笑顔です。お部屋が心地よくなり、お母さんや奥様が笑顔になったら、

・不登校の子供が学校に行くようになった
・ご主人が帰ってくるようになった

・実家に帰りたくなった
・ご懐妊した

なんていう奇跡のようなお話は、これまで何度も聞いたことがありますが、ある意味必然なことだと思っています。

そして何よりうれしいのが、実際にお子さんやご主人から頂く「本当にありがとうございます」のお言葉です。これまで何度頂いたことでしょうか。そう、つまりお母さんや奥様の笑顔が何より第一なんです！　そしてそんな家族を一番幸せにできるお母さんや奥様を笑顔にする。

それが本書を出したいと思った一番の理由でもあります。

私たちは家具の配置で、行動が変わり、行動が変わることで、気持ちが変わり、気持ちが変わることで未来を決めています。つまり…今のあなたの状況や感情も、今まさに悩んでいる問題も、これまでの家具の配置が原因で起きている可能性は大です。

それぐらい重要なことにもかかわらず、残念ながら、家具の配置について学ぶ機会なんて、これまで一度もなかったと思います。それゆえに皆さん、その重要性に気づいていないのはもちろん、ご自身のある意味、感覚みたいなもので、お部屋作りをしてきたと思います。

実際にお客様に、なぜこの配置にしたんですか？　と聞いても

「なんとなく広くなりそうだから…」
「なんとなくコンセントがあるから」
「なんとなくこっちな気がしたから」

と「なんとなく」でとお答えの方がほとんどです。

そして残念なことに、そのなんとなくが、今の居心地の悪さやモヤモヤの原因を作っていることにもまた1ミリも気づいていない…。

これが、私がこれまで見てきたほとんどのご家庭の現状です。

つまり、あなたが今、心地が悪い原因は解決することができます。

そしてあなたが主役の、毎日気づけば笑顔になるお部屋に変えることができます。

インテリア歴20年。結婚式場やホテルのコーディネートで培った空間心理と、既存のご家庭をお手伝いする中で見えてきた行動心理学。この2つを掛け合わせることで、これまでにない超実践的なインテリアメソッドを生み出すことができました。

そのため皆さんの常識外の内容がたくさん出てきますが、方法はいたってシンプルでしかも効果的！

そして何度も言いますが、**センスも要りません。**つまり誰でもできます。

また、私のお客様は女性がメインではありますが、本書の内容は、たとえあなたがひとり暮らしでも、ご家族と暮らしていても、賃貸でも、分譲でも、戸建てでもマンションでもアパートでも、もちろん男性でも通用する内容になっています。

これから本書ではたくさんの大変身した事例をご紹介していきますが、その9割近く（我が家を除く）が、皆さん自分自身の手で変えられたものであり、写真もご本人より頂いたものです。しかも実際に私はそこに行っておらず、お手伝いも全くしていません。

つまり本書を読めば、あなたもこれまでに見たことのない、ワクワクする空間を【自分自身の手で】手に入れることができる。そんな一冊になっています。

本書を通じて、あなたの暮らしが豊かになり、あなたの人生の主人公として毎日生きてほしい。そして周りにいるあなたの大切な人も笑顔にしてほしい。そんな願いを込めて、始めさせていただきます。

Contents

Chapter 1 物とお別れ・片付けをしたのに、なぜ心地よくないのか

Chapter 2

家具と小物の配置を見直そう

Chapter 3

買わない・捨てないで実現！ 笑顔になるお部屋の実例

Chapter 4 実践！ 笑顔になるお部屋の作り方 今ある物であなた史上最高の空間に

Chapter 5 お部屋の主役はあなた

(1) リビングの真ん中に大きめのソファーを置く。こうすることで、家族全員が自然と集うことができる。

(2) バラバラなテイストの家具でも配置を整えるとオシャレに見える。

(3)デスクスペースがあることで、ダイニングの上は何もない状態をキープできる。

(4) ソファーを真ん中に置けば、死角の後ろが子供の遊び場に。
どんなに散らかしても目立たない。

(5) 寝室にはぜひベッドを。寝具は色や柄をコーディネートすると素敵に。

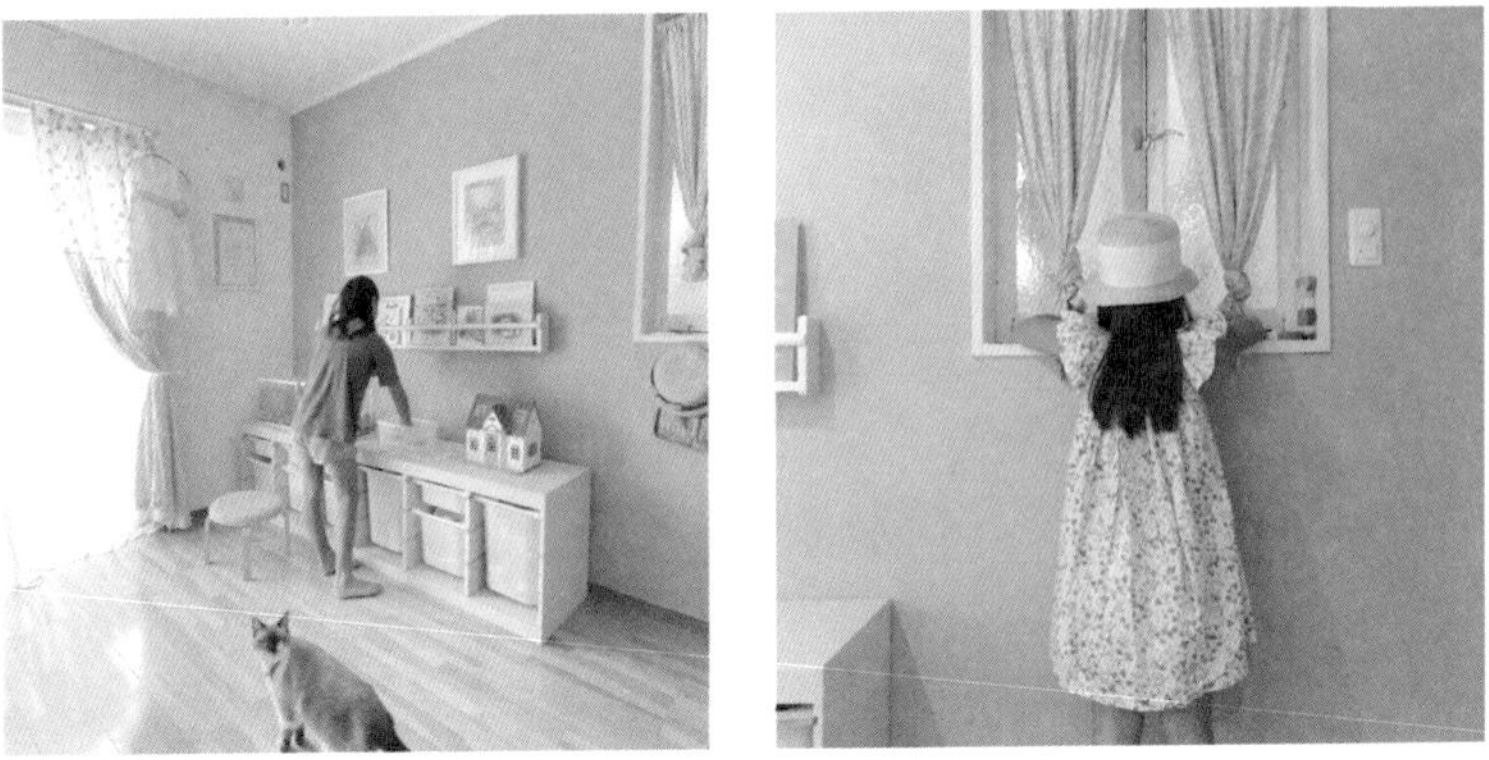

(6) 子ども部屋の壁紙はグレイッシュトーンにすることで
子供の持ち物が引き立つ。

(7) 子供の絵はテーマが同じものが
多い子供部屋のほうが素敵に見える。

(8) 秋をテーマに色でまとめる。花とアートを、
ボルドー・ピンク・グリーンで繋げる。

(9) 色を繋ぐ例。クッションと絵と花でオレンジを繋ぐ。

（10）色を繋ぐ例。壁と奥の小物とペンダント照明で青を繋ぐ。

(11) 住み手がオシャレに見える空間。そこに心地よく暮らす人が想像できる。

Chapter 1

物とお別れ・片付けをしたのに、なぜ心地よくないのか

エピソード①
なぜ私たちは家具を端に置いてしまうのか

私はこれまで、リアルオンラインともに200件以上のお宅を拝見してきました。それだけ見させていただくと、ビックリするくらい、同じような光景に遭遇することが増えてきました。それが「家具を端に置く」だったんです。

ソファを始め、家具を端に置いている方は非常によくお見掛けします。ちなみに、これは男女を問いません。

するとどうなるかというと…結果、ソファが洗濯物置きやカバン置きになり、空いたスペースには収納が増え続け、自分たちはダイニングテーブルのみを使用する。広いお家なのに使われているスペースはダイニングのその一角のみ。このパターンは、本当によくお見掛けします。

そう、つまり空いたスペースが物置化するんですね。

こんなふうに言うと、物が多い方が思い浮かぶかもしれませんが、そんなことはありません。大量の物とお別れし、かつ片付けも終えた方ですら、本来自分たちが心地よく過ごすための家具を端に置き、物に囲まれた生活。つまり物置部屋に住んでいるケースは案外多いものです。

「なぜ多くの人がこうなってしまうんだろう…」実際にお客様と向き合う中で見えてきたことがありました。それが皆さんどこで身につけられたのかわからないのですが…

【家具を端に置けば部屋が広くなる】という間違った認識です。

確かに一見部屋が広くなりそうな気がすると思いますが、実は広くなるのは無駄なホールのみ（ここについては後半で詳しくお話しします）なんです。

そしてそれは、心の面にも反映されていました。

ソファという自分の場所を端に置くこと＝自分を端に追いやる、ということでもあり、結果自分に自信がない、自分を大切にしない心の表れでもあるんです。

だからこそ、家が、部屋が、心地よくないのは当たり前なんですね。

エピソード②
ダイニングテーブルでの勉強にイライラ

「家が素敵にならない…」その理由のひとつに、「家族が協力してくれない…」そんなお話を聞くことは非常に多いです。

中でも小さなお子さんがいるときは、まだ子供のことを見守っている時間が多いだけに、皆さんいろいろな工夫をなさっていると思います。

そのひとつがダイニングテーブルでの勉強ですね。

子供の立場からしたら、親の気配を感じ安心しながらも、集中して勉強できる。親としても、家事をしながら目線が届くから、見守りやすい。そんな理由もあり、小学生の内は、ダイニングテーブルで勉強をしているというお子さんも多いのではないでしょうか。

しかし…実はこれ、正直に言ってお勧めしません。なぜなら、この**ダイニングテーブル**

での勉強が原因で、親の私たちも子供も知らない間にイライラしている可能性が高いからです。

例えば、こんなことはありませんか。子供が帰ってきたら、まずはおやつを食べ、休憩してから、ダイニングテーブルで勉強がスタート。テーブルの上は、教科書にノートに鉛筆に消しゴムのカス…その傍らで、お母さんは急いで夕飯の支度をしていますよね。いざ夕飯ができた～と思っても、まだ子供は勉強中。せっかく集中してきたと思った時間に、「ご飯だから片付けて」との声掛け。そこからノート類を全部畳み、端に寄せ、夕食タイム。夕飯が終われば、またノートを広げて宿題の続き…。

こんな光景が毎日繰り広げられていませんか。日々当たり前すぎて気付かないかもしれませんが、ダイニングテーブルで勉強をしているご家庭の方は、ダイニングに常に物が置かれた状態が続き、テーブルの上や、その周辺に物が集まりがちです。

例えば、調味料にお箸に、鉛筆立てに、書類に、リモコン、時には薬やお化粧品まで…集まってきていませんか？

そんな種類が違うものを毎日無意識に見ているせいで、思考がまとまらずに常にイライラしている方は非常に多いです。

理由はそれだけではありません。疲れている中での夕刻の慌ただしい時間。子供に勉強させ、消しゴムのカスがたまったテーブルを布巾で拭いて、教科書を端に寄せて、空《あ》いたスペースで食事をとる。どんなに美味しい食事でも、ごちゃごちゃした中で食べることで味は半減してしまいます。

ダイニングのみがフル稼働。ここで全てのことを行うので、物が集まってくる。しかもそれが毎日目に入ってくるので無意識にイライラを作り出す原因に。

そこで子供に好き嫌いの文句でも言われたときには…あまりの余裕のなさにカチンときたりするものです。でも…それは実はお子さんも同じです。勉強しろと言われて、勉強していたのに、今度は片付けろって…お子さんの思考も切り替えができません。

こんなふうに、忙しい時間帯で、しかもお腹がすいて心が荒《すさ》みやすく、イライラしやすい状況だけに、楽しく美味しい食事をとる状況が作りづらい。これもまたダイニングテーブルでの勉強のデメリットです。

確かにそれはあるかもしれない…、そう思った方もいらっしゃるのではないでしょうか。

「でもそんなこと言っても、どうしたらいいの⁉」気になるのはここですよね。

ポイントは、食べるスペースと学ぶスペースを切り分けることです。

「いやいや、そんなこと言ったって、我が家は狭いし、そんなことできるわけがないじゃないですか！」そんな批判が飛び交ってくると思いますが…（笑）。実際に過去に何百回も言われてきましたので…お気持ちはお察しいたします。でも解決できます。

40平方メートル満たない空間に、家族4人で住んでいる…などよほどのことがない限り、基本的には解決できます。

もしあなたの家のダイニングテーブルが、食事を持っていくタイミングで常に綺麗な状態だったらどうでしょうか。気持ちがいいですよね。それが毎日続けば、今まで抱えてきたイライラが収まっていくのを想像できませんか？

お子さんもそうですよね。毎日家に帰ってきて、自分のスペースがあって、そこで勉強ができたらどうでしょうか。まず、自分の場所ができたことを何より喜びますよね。

そして、たとえ食事の時間になっても、教科書を広げっぱなしでもよければ、身体の移動だけで済むので、気持ちの切り替えも簡単。

しかもごちゃごちゃした場所での食事から、スッキリしたスペースでの食事に変わったら、いつものママの料理も美味しく感じられます。

そして何より…お母さんのイライラが激減し、笑顔が増えたらもっとうれしいですよね。家具は自分たちの気持ちを仕掛けることができる魔法のアイテムなのです。

でも…そんなこと言っても、子供がダイニングテーブルで勉強したがるときはどうしたらいいのでしょうか。こんなご意見もあると思います。そんなときはもちろんＯＫ。我が家も春休みとかに、姉妹揃ってダイニングテーブルで勉強していることはあります。それでも、戻す場所があるとリセットは簡単。やりかけの宿題は、勉強スペースに移動。そう、大事なのは場所を分けること、これです。

最近では、オープンキッチンも増え、キッチンからダイニングが見渡せる設計も増えています。ただでさえ苦痛の洗い物だって、キッチンから見える景色が、物の山なのか、常にスッキリしているのか。これだけで、日々のストレスが変わってきます。

中でも私は、洗い物がダントツで嫌いなので、ここから見える景色はいつもスッキリにしています。自分のお気に入りのペンダントライトとその背景に映るリネンのカーテンが目に入ると毎日ワクワクできるので、洗い物もササっと済ませたくなるのです。

そう、こんなふうに、家具は、自分や家族の気持ちを変えてくれる。非常に有能な仕掛けになるのです。

ダイニング近くにデスクスペースがあるとお子さんも安心。かつ物の管理もしやすくなりダイニングテーブルに余計なものがなくなる。

食べたら、まず初めにお皿を下げる。すると常にこの光景。目の前に見える景色がスッキリしていると、洗い物もはかどります。

戻せる場所があるとスッキリを保て、食事の時間もスムーズに。

エピソード③
家を建てたのに家族バラバラの暮らし

でもそうはいっても、「家具を買うのは、物を増やすことになるから、抵抗がある」そういう方も多いのではないでしょうか。特にこれまで大量の物とお別れしてきた方は、一生懸命物を減らしてきたからこそ、家具という大きくて、しかも値が張るものを家に取り入れることを避けたいと思うでしょう。「何より失敗したらどうしよう…。すぐに捨てられないし…」そんな気持ちがよぎるのではないでしょうか。

ちなみに、家具を買い換えるとなれば、引っ越しや住居購入時ですね。そんな理由もあり、家は大きくなるけれども、以前から使っていた家具を使い続けている…。そういうお宅もこれまで数多く拝見してきました。

注文住宅で家を建てたのに、家にある家具は、ちゃぶ台のみ。それで数年間過ごしていた方もいらっしゃいます。理由は同じく、部屋を広くしたいから。そして、万が一、家具の買い換えに失敗したらと思うと、怖くて買えない。それが理由でした。

でもそんな素敵な注文住宅で過ごしていたにもかかわらず、こちらのお宅にはひとつの問題がありました。それは家族皆が食事をしたら、各自部屋に籠《こ》もってしまい、コミュニケーションがとれないというお悩みでした。これ、なぜだかわかりますか？

実は理由が2つあります。ひとつは、家族のスペースが小さすぎたから。そしてもうひとつが、くつろぐスペースがなかったからです。

まずひとつ目、家族のスペースが小さすぎるということは、どういうことか解説していきますね。

「部屋を少しでも広くしたい…」そんな理由で小さめの家具を選んだり、「もったいない…」という理由で、家族で暮らしているのに、ひとり暮らしのときの物を使い続ける方は案外多くいらっしゃいます。こうすることで、「家具がコンパクトなので、部屋が広くなる！」と思う方が多いと思いますが、実は逆効果になります。

ちなみに家具は大きく分けて2種類の物があります。

①本棚・テレビ台・タンス・カラーボックス・チェスト
②ソファ・ダイニングセット・デスク・ベッド

この2つの違いって何かわかりますか。

正解は、前者が物のための家具で、後者が住み手のあなたのための家具になります。そう、つまり、後者の住み手のあなたのための家具を小さくすると…、あなたのスペースが狭くなります…よね。結果、自分の場所が快適にとれずに居心地が悪くなる、ということが起きます。

今回、ちゃぶ台は、家が大きくなったにもかかわらず、以前の家でお子さんが生まれる前に買った物でした。つまり、家族全員がゆったりするのには小さすぎたということです。そうなると、その場所に居ても居心地がよくないので、自分の場所がゆったりとれる個室に行きたくなる。

これは人間の当たり前の心理というのは皆さんも想像できると思います。

そして2つ目の理由、くつろぐ場所の欠如というのは、ひとつ目の話に若干かぶってきますが、食事をした後、くつろぐ場所があることで、人はその場所にいたいと思うということです。

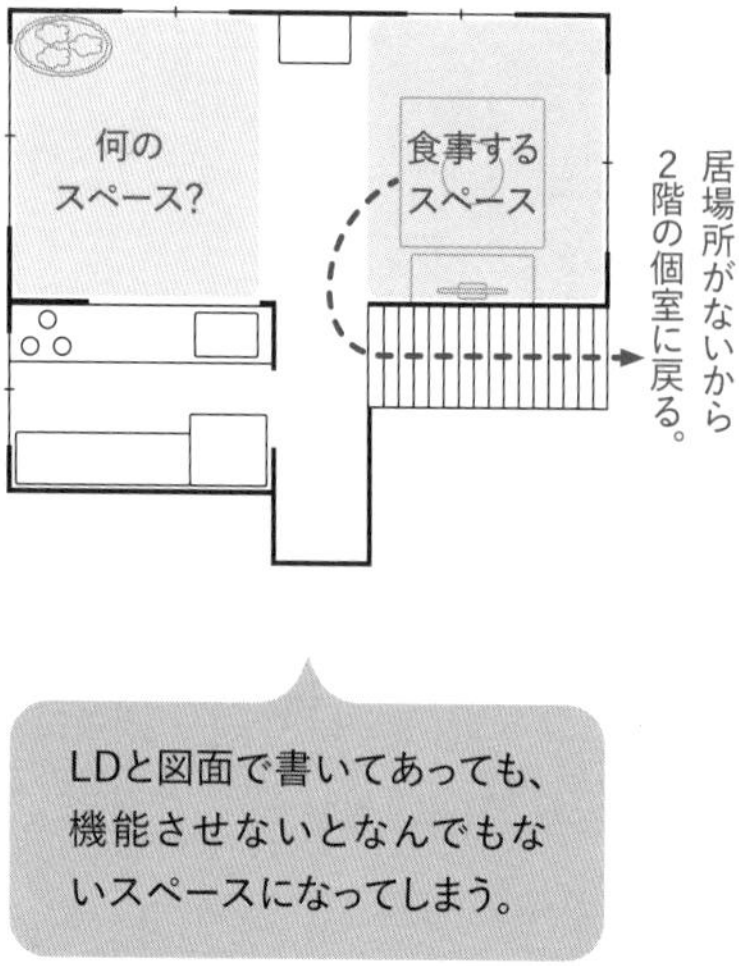
居場所がないから2階の個室に戻る。
何のスペース?
食事するスペース
LDと図面で書いてあっても、機能させないとなんでもないスペースになってしまう。

もしそういう場所がなければ、食事をした後、落ち着きませんよね。お酒をちびちび飲むお父さんならまだしもですが、そうでなければ居心地が悪くなります。ちゃぶ台の場合には、食べた後片付けてその場で…というのは考えられますが、思春期のお子さんがいれば、そこで仲良く…というのは、考えづらいですね。

家族だからこそ、程よい距離感を保ちながらも同じ空間をともにできる場所があるのかどうか。これは家族の繋《つな》がりを考えていく上でも物凄く大事です。そのためにも、住み手の自分たちの場所になる家具は大きさを十分考慮して選ぶ必要がある。この大切さに気付いていただければうれしいです。

ちなみに、**家具は大きければ大きいほど、自分たちの場所がゆったり確保できる＝結果部屋が広く感じるという、ウソみたいなトリックもあります。**

皆さん最初は半信半疑なのですが、家具が配置され、最初に言う言葉が「部屋が広く感じる」なんですよ（笑）。

これは空間が有効的に使われるようになり、自分のテリトリーが増えたから、そう感じるわけです。

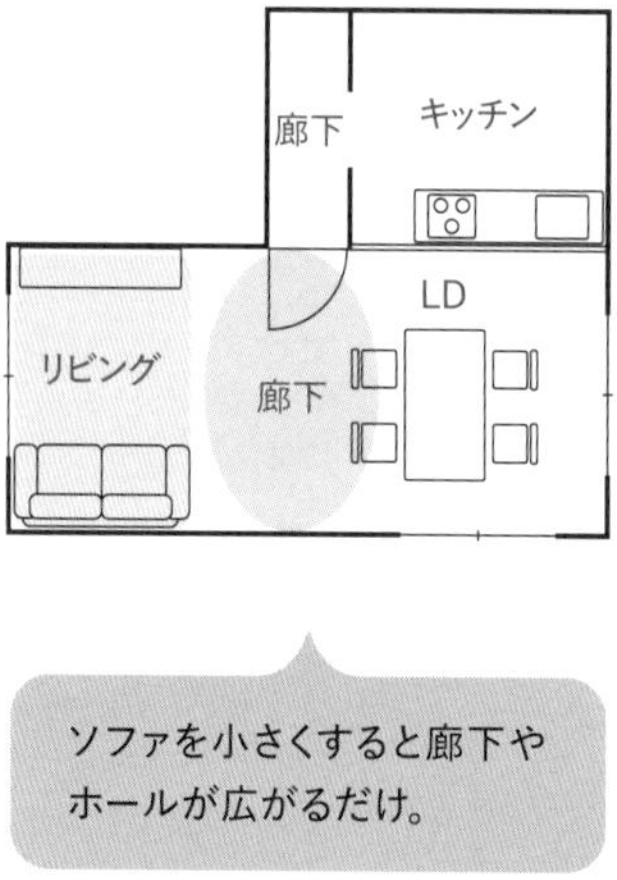
廊下
キッチン
LD
リビング
廊下
ソファを小さくすると廊下や
ホールが広がるだけ。

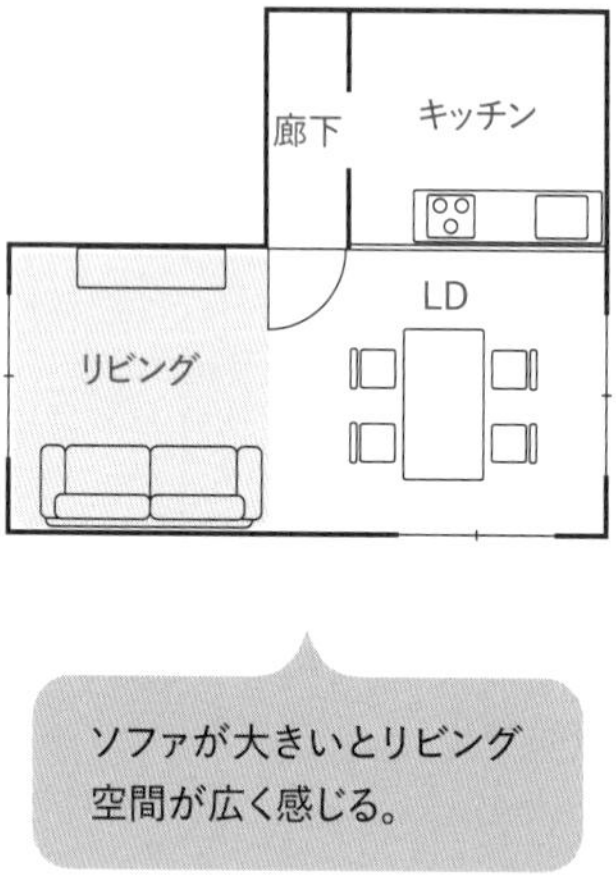
廊下
キッチン
LD
リビング
ソファが大きいとリビング
空間が広く感じる。

理屈で、平面で、床面積だけで考えてはいけないのです。感じ方が何より大事。その点も皆さんには声を大にしてお伝えしたいポイントです。案外知らない落とし穴はたくさんあります。そして「そんなところに原因があるなんて！」と気づいていない人も多いです。
特に家を建てるときなどは、構造や強度や内装に、お金も時間も労力もかけがちですが、家族で楽しく繋がり続けるには、家具の配置による「家の使い方」が何より大切であることもおわかりいただけるとうれしいです。

ダイニングで使っていた1Pソファを移動したらリビングが広くなった！　奥様の居場所が出来た！

エピソード④

子供が引き籠もって、ニート

お子さんが大きくなれば、親の言うことを聞かなくなるのは当たり前ですよね。特にお子さんが引き籠もり、社会生活を送ることに支障が出ていれば、自分の子育てが悪かったのかな…と思ってしまうのは、私も親という立場ですので、同感します。

でもそんな状態になっても、引きずり出すわけにはいかないし…そっと見守ることしかできないのが親ですよね。

実は不登校や引き籠もりでお悩みのお宅を見直しさせていただくこともこれまで何度もありました。そうすると、少なからず、お子さんがそうなる原因が家の中に表れていました。

2階の部屋に引き籠もり、就職もせず、バイトもせずに毎日家で過ごしているお子さんをお持ちのご家庭がありました。お部屋を見せていただくと、いたって普通のお家なのですが、1階にはダイニングテーブルしか置かれておらず、そこで食事をしたら、お父さんがずっとそこに座ってテレビを見ているというお話でした。しかも、そのダイニングを通らないと、冷蔵庫までたどり着けない…。

結果、お子さんは、なんとなくお父さんとは顔を合わせたくないので、それ以外の時間に下に降りてくることはあっても、基本、部屋でずっと過ごしていたそうなんです。

でも実は、こちらのお宅を始め、あえて引き籠もらないようにという理由で、リビングを通ってしか個室にいけない設計は、今や主流になっています。

にもかかわらず、下に降りたくないから籠もるというまさかの展開が起きていたわけですから想定外ですよね。でもその理由もまた、全て家具の配置に表れていたのです。

次ページの間取り図を見て何か気付くこと、そして改善策は思い浮かびますか。

実はこのケースは、家具の使い方を見直し、お父さんの居場所を変えていくことで改善できます。具体的には、ダイニングとは別に、リビングスペースを設けて、その前にテレビを移動するようにご提案させていただきました。

ちなみにこのときは和室用ソファをお勧めしましたが、もちろんソファでなくても、座布団など、ここでくつろぎたくなるスペースがきちんとできていれば十分です。

こうすることで、ご主人は食事後奥のスペースに移り、テレビを見ることになるので、ダイニング空間が空くようになったわけです。

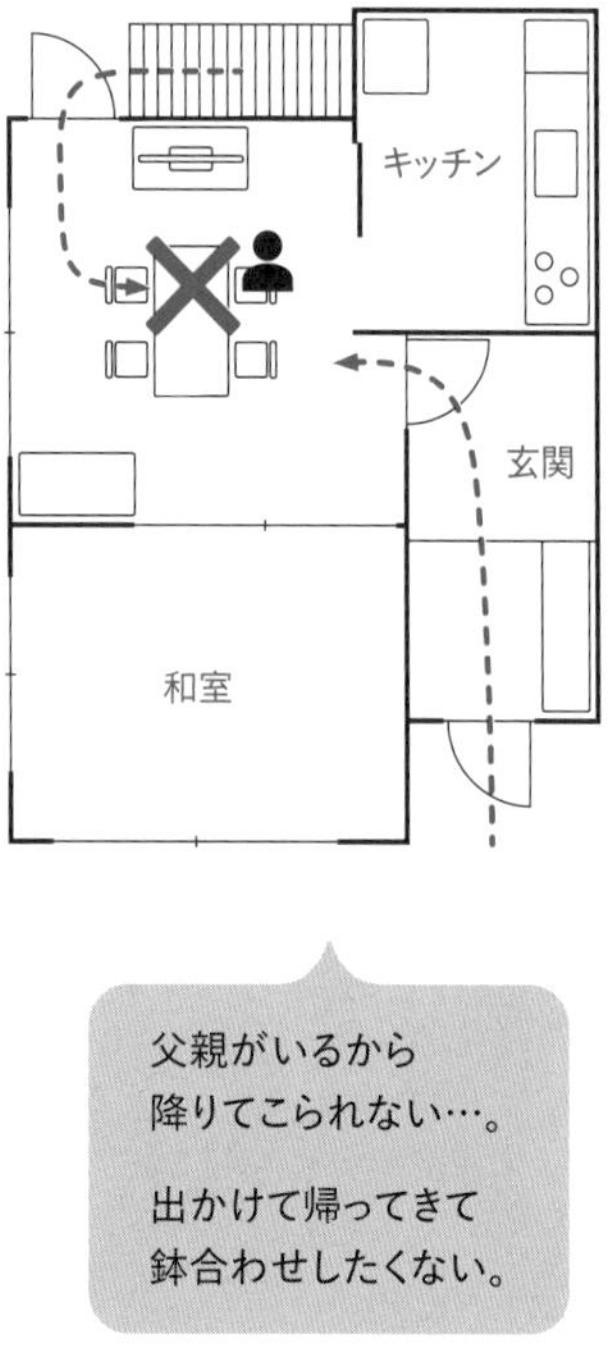

キッチン
玄関
和室
父親がいるから
降りてこられない…。
出かけて帰ってきて
鉢合わせしたくない。

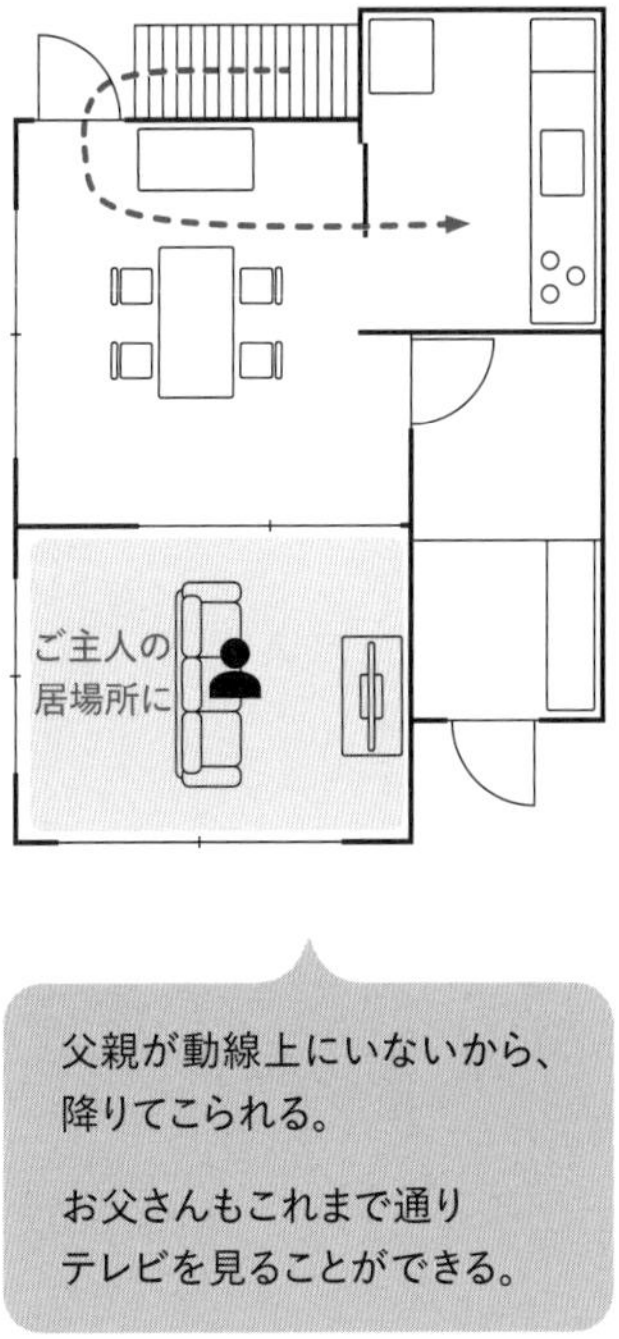
ご主人の
居場所に
父親が動線上にいないから、
降りてこられる。
お父さんもこれまで通り
テレビを見ることができる。

結果、お子さんも下に降りるようになり下で食事をとれるようになりました。すると、まずはお母さんとではありますが、お互いに顔を合わす機会も増え、徐々に会話も生まれるようになりました。

そして最終的には、外に出始め、バイトを始めたとのこと。お部屋を変えて、たった数か月の出来事でしたが、こんな奇跡も起きます。と言っても難しいことは何もしていません。空間全体の見直しをして、家具の配置を換え、家族の行動を変えたことで、ここまでの変化が起きたわけです。

それにしても…こんなお話をすると、さぞかし怖いお父さんを想像するのではないかと思いますが…、普通の優しいお父さんです。でも、子供にとって父親というだけで、距離を置きたい時期があります。そんなときにいつも通る動線に居座っている。これだけで、その圧は強く、居心地の悪さを感じます。これは私も思春期に同じ思いをしたので、このお子さんの気持ちは物凄くわかります。お父さんは何の悪気もないのに…。こんなふうに家具の配置のせいで、気持ちのすれ違いが起きてしまっているケースは案外多くお見掛けします。

家族という近い存在だからこそ、程よい距離感の取れる動線ができているのかどうか、これが重要なポイントになります。

エピソード⑤
夫が家に帰ってこない

家といえば、お子さんとの関係もそうですが、やはり一番はご主人との関係ですね。亭主元気で留守がいい。そんな言葉もあるように、程よい距離感を求めたくなるのが夫婦関係です。

こちらのお客様は、ご主人の単身赴任をきっかけに、距離のある生活が始まりました。単身赴任は、最初は「寂しい…」とか、「ひとりでできるのだろうか…」と思う方が多いと思うのですが、始まってみると、そのラクさに慣れてしまい、「このままでもいいかも…」と思われる方が多いのは、私もこの仕事を通じて改めて知ったことでもあります（笑）。ただ始まりがあれば、終わりがあるもの。いつかまた同じ暮らしは再開します。そんなときにどんな家にしていくか。ここは新しい家族の段階であり、非常に大事な時期だと私は思っています。

と言いますのも、実際にご主人が戻ってくるタイミングは、当初と比べて、いろいろなことが変化しています。例えば、お子さんが大きくなっているケースは多いですよね。あとは何年も住んでいて物が増えていることもよくあります。そうすると…ご主人以外の家族でのルールができていたり、ご主人の場所がない！　なんてことも結構あったりします。

その状態で、いざご主人が戻ってくるとどうなるかというと…自分の場所のなさに居心地の悪さを感じて、家になかなか帰ってこなくなるとか、それとは逆に、今まで家族で共有していた場所にご主人がデデンといることで、お子さんが部屋に籠もったり、奥様もストレスを感じ家族関係・夫婦関係が悪化したり…。せっかくの新しいスタートが、雲行きが怪しい方向に進んでしまうことは非常に多くあります。

実際に単身赴任を終えてからも、「ご主人がご自宅になかなか帰ってこない…」とお悩みの方がいらっしゃいました。その方の家を見ると…、家族4人で住んでいるのにもかかわらず、**家の中には、ひとり掛けのソファが一台のみ。つまり居場所がなかったわけです。**問題はそれだけではありません。

生活感あふれる家。家の壁のいたるところにいろいろなものがひっかけられ、どこを見ても物だらけに見えてしまうお家。これでは家に居ても、心地よいと感じることができません。

後は、そこにいる奥様ですね。奥様自身もそんな物に囲まれたお家にいるので、イライラが止まらない…。結果ご主人にも当たってしまい、よりご主人にとって居心地の悪い空間になっていたわけです。

さて、これをどうにかしたいとお考えになった奥様。夫婦でどう在りたいか、家族とどう在りたいか、徹底的に掘り下げていきました。その結果を、お部屋で形にしていったんですね。具体的には、家族全員で美味しく食事をとれるダイニングを、全員がくつろげるリビングを作り上げていきました。

それだけではありません。何より奥様が笑顔になるように、四方を囲んでいた、機能的で便利という理由で、ぶら下がっていた物たちを外し、使いやすさはキープしつつも、部屋の中に見せるポイントを作り上げ、空間にメリハリをつけていきました。

どこを見ても物だらけの部屋

情報だらけで疲れる

見せ場を作りメリハリをつけた部屋

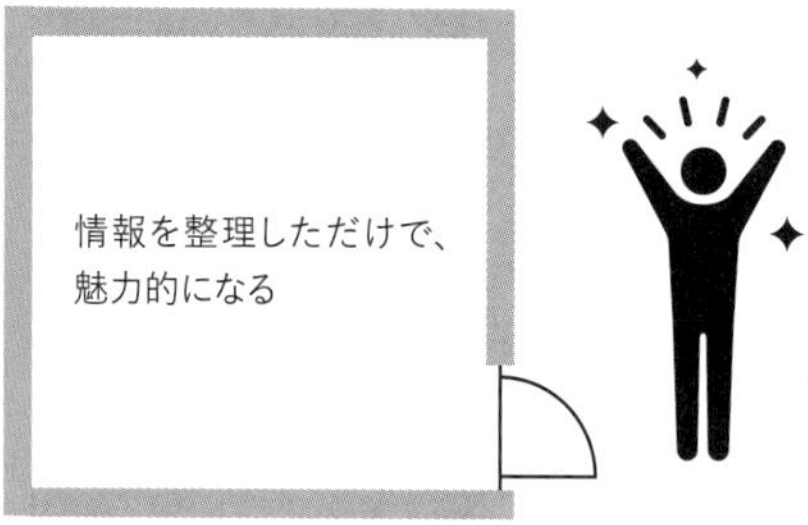
情報を整理しただけで、
魅力的になる

つまり、奥様がつい目にすると笑顔になれる仕掛けを作り上げていったわけです。

その結果、奥様のイライラは激減。むしろ毎日笑顔になることができ、家の中に流れる空気もガラッと明るいものに変わっていきました。冒頭でも申し上げましたが、お母さんや奥様が笑顔なら、家族は自然と笑顔になります。そんな太陽のような明るい家でしたら、ご主人ももちろん帰りたくなりますよね。

と言ってもここでもそんな難しいことはしていません。

ご主人の場所をきちんと作り、かつ目に入る情報を整理しただけです。

こんなちょっとしたことで、部屋も心も変わり、結果家族との関係も変えることができるわけなのです。

エピソード⑥
好きな物しかないのに、素敵にならない

これまでは心地よいお部屋を手に入れる方法としては、物とのお別れや片付けが、身近で始めやすく効果的ということもあり、大変人気でしたよね。それゆえにこれさえ頑張れば解決する！　と思って挑戦される方は非常に多かったと思います。でも、スッキリしたのは一時的。本当に好きな物・必要な物しか持っていないのに、「どうもしっくりこない…」このお悩みは、残念ながらダントツでお聞きします。

でも、実はそれ、当たり前のことでもあるわけですね。そもそも片付けというのは家という大フレームの中に入る、小フレームの部分にすぎません。

つまり、**どんなに使い勝手のいい収納になっても、部屋全体の見え方が変わらなければ、受ける印象は変わらない**わけです。心地よい空間にはならないのは当たり前なんですね。

そしてここで肝心なのがインテリアになるわけです。でもそんなこと言っても難しそう

…。これまでは、インテリアというと、敷居が高く、センスがないとできないもの。そんなイメージがありましたが、実はそんなことは全くなく、片付けもインテリアも考え方は基本的に同じで、シンプルで簡単なのです。

片付けが物の住所を決めるのが重要なら、インテリアは家具や小物の配置、つまり住所を決めることが重要。

これまで物とのお別れや片付けにチャレンジしてきた人なら、誰でも簡単にインテリア

物とお別れして収納の中はほぼスカスカ。でも景色が変わらないから印象が変わらない。

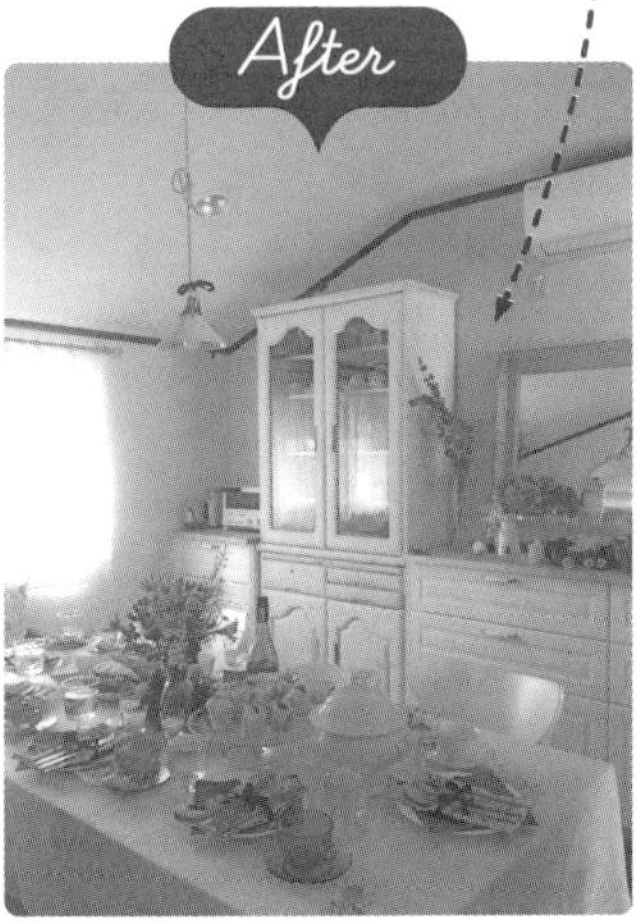

全体のラインを見直し見せ場を作っただけで素敵な印象に。

テクニックを身に着けることができ、心地よいお部屋に変身させることができます。
しかもよく考えてください。片付けって3000近くの物と向き合う必要があるのに対し、家にある家具や小物って、多くても30〜40個ですよね。それだけの数の住所を決めるだけですから。片付けよりむしろ簡単です。しかも片付けに比べて毎日移動させないから、一度決めるだけで維持だってできます。

そう、**これまでいろいろ試したのに、どうもしっくりこなかったのは、家具と小物の配置による見え方を知らなかったから**なんです。

さて、ここまでで皆さんがやりがちで、陥りがちな落とし穴についてエピソードを交えてお話しさせていただきました。今感じている心地悪さの気づきになれば、それは大きな第一歩です。
次の章では、お部屋を変えることで得られるメリットについてお話しいたします。これを読めば、ますますお部屋作りに興味が湧いてくると思いますよ。

Chapter 2

家具と小物の配置を見直そう

メリット①
今ある物が輝きだす

インテリアというと、センスが必要で、オシャレな人にしかできない難しいもの…というイメージがありませんか。たしかに一昔前までは、情報もお店も少なかったこともあり、ハードルが高かったと思います。

しかし、家は一日の半分以上を過ごす場所です。だからこそ多くの方に一生ものの知識として、インテリアテクニックを学んでほしい。その思いで、これまでに私が経験してきた全てを、よりシンプルにわかりやすくまとめて、本書を作りました。つまりこの本を読めば、お家を変える具体的な方法がわかり、すぐに実践することができます。

ただそうはいっても、皆さんこれまで、いろいろなことを試してきたと思うので、半信半疑だと思いますし、何よりインテリアへのハードルもそう簡単に下がらないと思います。そんなこともあり、この章では、このメソッドのメリットについてお話ししていきます。

これがわかることでよりお部屋作りにチャレンジしたくなると思います。

まず何よりのメリットは、今ある物が輝きだすことです。これは宝石で例えるとわかりやすいかと思います。

ジュエリーショップを頭に思い浮かべてみてください。どんなお店の内装で、どんなふうに展示されているか、イメージできますか？

まず内装はシンプルで、ごちゃごちゃしていないことがほとんどです。そして展示は、キツキツで飾られているのではなく、ひとつひとつがゆとりをもって飾られているのが想像できませんか。後は同じような商品が隣に陳列されていたり、時にはシリーズみたいな感じで、似たデザインでまとめてあることもありますね。

そして照明が、それぞれの商品にきちんと当たっていませんか。と…今気づいたことをここに羅列してみましたが、実はこれら全てが大事なポイントです。小物の展示（配置）については、また後半の章で詳しくお話ししますね。

こんなふうに私たちは、物を買っている時点で、その罠《わな》に引っかかっています。
これは私が結婚式場やホテル・そのほか店舗のコーディネートの中で、顧客の購入欲を上げるために仕掛けてきたからこそ、お伝えできる内容ですが、実は家でも同じことを意識すれば、今あなたがお持ちの物は全て輝きだします。

あなたはそれを知らずに、お気に入りの宝物をごちゃごちゃした背景の中に置いていたり、ギュウギュウに飾ったり、全くテーマの違うものと一緒に置いているがゆえに、輝いていないだけです。

【10代向け化粧品のディスプレイ】
背景を整え、額のような棚に飾ることで華やかさを表現。全体的に空間の余白を持たせることで化粧品が素敵に見えるように展示。パッケージの色と壁の色などをコーディネートすることでより素敵に見えるように仕掛け。

もしあなたが今お持ちの物全てが、宝石のようにきらきらしだして、空間が一気に華やいだらどうでしょうか。もう想像するだけでワクワクしますよね。

しかもあなたしか持っていない物たちが輝くということは、あなたにしかない空間が出来上がるということでもあります。

まだ見ぬ景色は、案外簡単なことで実現します。

そしてその法則さえわかれば、この先どんな物を買っても、お買い物の失敗が起きないのも何よりのメリットですよ。

メリット②
お部屋が変わるとモテる

コロナもだいぶ落ち着きましたが、その中で定着したのがオンラインだと思います。そこに映るお顔はもちろんのこと、背景など…いろいろな情報を元にその人の性格を無意識に推測していると思います。

ちなみに私も、今や全国のお客様とオンラインのみでお部屋作りをしているのですが、お部屋作りという濃厚な時間を過ごすだけに、参加なさる方がどんな方なのか毎回非常に気になっています。

そこで面白いのが、最初の印象と最後お部屋が変わってから受ける印象が大抵の場合、真逆になるというケースがとても多いことです！

これは逆に言えば、**多くの人が自分の印象を的確に伝えられていないという証拠でもあります。**

実際にこんなことがありました。最初に映った景色が、物がほとんどなく、まさに無駄がないという感じで、スマート。でもどこかハッキリとした厳しさも感じるような方がいらっしゃいました。そんなこともあり、私も、生徒さんといえども、常に背筋がピンと張っていたのを今でも覚えています（笑）。

長方形のモザイクタイルと格言が背景のため、カチッとした印象が強く感じられた。

柔らかい素材感に、丸型の小物が多いことで全体的に優しい印象に変化。

その方は、実際にお部屋を見直す中で、心から自分が求める空間が見えてきたのですが、それは当初のスッキリとしたものとは真逆のとっても温かくて優しいイメージでした。

例えていうならば、ビフォーがカクカクした四角形の硬いイメージだとしたら、実は全体的に丸みがあって、素材も気持ちよくて心地よい柔らかい空間をお求めでした。そこまで見えてきたので、それを形にしていこうと色や素材で表現していった結果、なんとオンラインに映る印象が１８０度変化。とにかく温かくて優しい印象に変わりました。そして、これまでと同じようにお話をしても、受け取られ方が変わったのです。

空間を通じて、センスの良さも伝わるようで、いつもみんなにおしゃれと褒められるとおっしゃっていました。ビジネスの成約率も、跳ね上がったのはもちろんのこと、誤解なく自分自身の魅力を伝えられたことで、より仕事がスムーズに進むようになりました。

お部屋は心の鏡だからこそ、部屋を自分の心と一致するように整えていくとこんなメリットもあります。

ちなみにこれは、大きな家具を買わない・捨てないでも実現可能です。例えば、壁の色を塗ってみたり、貼ってはがせる壁紙を使ってみたり、それこそ本人がときめく小物を素敵に飾ったりすることで、自分らしさを伝えることだってできます。自分にピッタリな背景は目に見えるオーラとしてあなたの魅力を引き立てます。

それともうひとつお伝えしたいエピソードを思い出しました。

それが…お部屋を変えたら、ご家族がモテたという、想定外のパターン（笑）。

今って10代の子たちであれば、ＳＮＳを通じて、自己発信される方も多いですよね。お部屋を快適に心地よくしたら、それがいつも背景に映り込むので、お家に遊びに行きたい！という女子のリクエストが殺到したらしいです。そして実際にたくさんの女子が遊びに来たということで、息子さんから感謝のお言葉を頂戴しました（笑）。

こんなふうにお部屋で自分が心地よくいられる空間を作り、自分を表現できるようになると、とにかく生きやすくなり、相手への印象も良くなるので、結果モテます。これ結構いいメリットですよね。

メリット③

掃除片付けがラクで楽しくなる

インテリアの仕事をしていると、掃除片付けが得意だと思われますが、実は私は、元々掃除も片付けも大嫌いです。わかりやすく言うと、超ずぼらで…細かいことが苦手です。なので、片付けも詰め替えとか面倒くさくてできないし、ラベリングもやったことはありますが、そのときだけで続かず…。

とにかく収納もざっくり収納派な大ざっぱ人間です。ここでご紹介していくメソッドは、そんなずぼらで大ざっぱだからこそ、生み出されたものでもあります。

片付けが苦手で掃除も嫌いなのに、素敵なインテリアにするにはどうしたらいいのか…そんなグータラなことを考えている中で、見つかった方法と言っても過言ではありません(笑)。

まずは掃除の面で言うと、掃除がしたくなるインテリアを考えました。

ドアを開けた瞬間に見える景色を素敵にし、部屋の顔を作るということを意識しました。そしてその状態にたった5分で戻すことができる。これが習慣化すると、掃除もその一環としてササっとやることができるんです。日常の中で笑顔になるシーンを一回プログラミングすると、ただそれに戻すだけになるので、ハードルが物凄く下がります。

これは例えていうと、ホテルのベッドメイキングのイメージです。皆さん早いですよね。あれも戻すベースができているからこその速さだと思います。それを家に取り入れれば、思考は全く使わずに手を動かすだけなので、掃除もラクにやることができます。

以前のソファの時、リネンシーツをカバーにしていたのでパーティー後にはこんな状態(笑)。

でも5分10分あれば、この状態に戻せる。

あとは掃除しやすいインテリアも意識しています。具体的には極力、物を床に置かないということです。そんなこともあり、我が家に置かれている家具は、先ほどお伝えした、**住み手のためになる家具は置いていますが、物のための家具は基本的に置かない。つまり買わないようにしています。**そうなると、既存収納で満たそうとするので、持てる絶対量も見えてくる。結果、物も増えないし、掃除のしやすさも何年たっても変わることがありません。

たとえ掃除や片付けが苦手でも、その仕掛けのおかげで、ラクで楽しく自分のペースでやりたくなってしまうわけです。実際に、私のお客様も、皆さんお部屋が変わって何より掃除しやすく、片付けやすくなったと口をそろえておっしゃいます。私のようにずぼらでも大ざっぱでもできちゃうのも、このメソッドの魅力的なメリットです。

メリット④
どんなときでも、笑顔になる

生きているといろいろなことがありますよね。私も過去にはうつ病になったこともありましたし、外部の刺激を受けやすいＨＳＰの性格もあり振り回されることがよくありました。誰かにそれを癒してもらおうと承認欲求が強い時期も長かったですね…。でも相手に求め続けても、残念ながらそれを満たしてくれる人にはなかなか会えず…。

でもあるとき、気が付きました。自分で自分を笑顔にすればいいんだと。それがインテリアとの出会いでもありました。心がズタボロで、精神状態も不安定だったあのころ。どこに行っても情緒不安定だったのですが、あるとき見かけたインテリアディスプレイに心を奪われ、これまでにない癒しと安心感をそこで得ました。

それは今思えば魂の叫びだったと思います。本能的に安心安全で柔らかくて温かくて優しくて明るくて…、その全てが詰まった空間を自宅で表現したい。

そういう衝動にかられ、気付けばアルミのブラインドは外し、コットンのカーテンに（本当はリネンにしたかったけど、まだ20代前半でインテリアにそこまでお金をかけられなかった…）、照明も蛍光灯から影も楽しめるペンダントライトに、茶色のタンスはペンキで白に塗り、寝具は全て肌触りの良いものに一新しました。

そのとき感じたことは今でも忘れられないのですが、**自分で自分を初めて大切にしてあげた**。そう思えた瞬間でもありました。

そこから私は変わりました。自分を痛め続けるものは、どんなものとも距離を置き、自分の心が喜ぶものだけを選ぶようにしました。それは洋服もメイクも、人間関係も仕事も。その良い輪が広がり始め、気が付けば過去に起きたような底の状態になることはなくなり、うつ病も克服していました。

これは私が20代のころなので、昔の話になりますが、今でももちろん心がざわざわすることはよく起きます。

でもそんなときに**部屋を自分の心の奥底から求める空間にしておくと、どんなに嫌なことがあっても、どんなに落ち込んでも、数時間すると、その空間に同化され、いつものべ**

ストな自分・平穏な自分に戻すことができるようになります。

これは本当にすごい効果だと思っています。そのためにも、日常の動線の中に気づけば笑顔になる仕掛けをたくさん散りばめています。

・朝一番に起きて目にするカーテン越しの光
・2階に上がって最初に目に入る、心地よいソファ
・デスクで仕事をしているとき、目の前に広がる心地よい景色
・洗い物をしながらも目の前に広がる、リネンとお気に入りのペンダントライト
・子供が何げなくピアノを弾いている光景
・冬の朝、窓辺のアンティークレース越しに差し込む朝焼けの光

などなど…日常の中に思わずニコっとうれしくなるような仕掛けをしていくと、日々の何げないことで笑顔になっている自分がいます。

毎日口角が上がれば…嫌な思いもどこかに消えていきますよね。そしてこれは私だけではありません。**お部屋に笑顔になる仕掛けを作ると、その効果は家族全員に繋がります。**

子供だって学校に行けば嫌なこともありますし、旦那さんもそれは同じく。でもこんなふうに日々の中でふと笑顔になれることがあれば、しんどいことよりもその喜びが勝り、生きるのは楽しくなります。

まさに、毎日がディズニーランド！　私はいつもそう思っています。

機能的で無駄がなく、必要最低限の物しかない空間。確かに、これもまた素敵ではありますす。ただし、心と空間は繋がっています。無駄のない空間は、気づくと現実的になりすぎる傾向もまたあります。

毎日を楽しく生きるためには、深刻に真剣になりすぎない。

そのためにも笑顔になる仕掛けがお勧めです。

メリット⑤
けんかしても、家族と繋がれる

皆さんにとって理想の家族像ってどんなイメージですか。我が家は誰もため込まない、家族全員が自分らしくいられる家です。そんなテーマを掲げたこともあり、我が家の家族は良くも悪くも誰も我慢しません（笑）。

なので、時にけんかになることもあります。それがいいかどうかは、各個人の価値観なので私の考えを押し付ける気はありませんが…（笑）。

ただ家族というと、多かれ少なかれ、意見が食い違う時期ってあると思います。そんなときに**肝心なのは、すぐにリセットできるかどうか。**ここだと思います。これさえできれば、むしろけんかはお互いの本音を聞ける絶好のチャンス。もちろん温和な話し合いが一番ですが、身近な存在だからこそ、ぶつかりやすいのもまた家族ですからね。

そんなけんかもお子さんが思春期に入ったり、夫婦関係も長年続いたりすると、お互いに素直に謝れない時期も出てくると思います。そんなとき、顔を合わせなくてもいい状況が続けば、状況は悪化します。でも当たり前のように顔を合わせる動線ができていれば、たとえお互いに謝れなくても、何となく距離が元通りになるのが、家族でもあるわけです。

だからこそ、**何度も言いますが、家具の配置や動線は非常に大事です。**

子供がいてにぎやかな時期も、時間とともに変化していくのが家族です。小さなころはどんな家でも成り立ったかもしれませんが、家族が成長していくときほど、その仕掛けが必要になってくるとも言えます。そしてたとえ会話を交わさなくても、お互いに相手の存在を確認し、健康状態を把握できるだけで、安心できるのもまた家族です。

こんなふうに緩く繋がる時期もとても大事。

それを仕掛けられるのも、実は家具の魅力です。家具というと、必要か不要かだけで考える方が多いですが、その基準だけで決めてはいけないんです。家族とどう過ごしたいか。一生レベルで考えるからこそ、見えてくる答えがあったりします。

そうすると、どんなに高いお買い物でもトータルで見ると非常に安いなんてことも。家も家具も家族の暮らしを豊かに、そして未来を明るくできるツールです。これをうまく使えば、どんな逆境でも家族という一番大切な存在と、いつまでも深く繋がり、温かくて居心地のよいお家を作り上げることができるわけなんです。

メリット⑥

ぐちゃぐちゃでも素敵に見える

インテリアというともうひとつ思われそうなことがあります。

それが「常に綺麗にオシャレに見せるなんて、無理！」というもの。そんな叫びを頂いたことは過去に何度かあります。実際に小さなお子さんがいれば、片付けたと思ったら散らかす…もはやイタチごっこですよね。オシャレにしようと思うこと自体がストレスと感じられるのは当然なことだと思います。実際に我が子も気づけば小学生になりましたが、2歳差の子育てでした。インテリアの仕事をしているから、どうにかオシャレにしたいと思っていましたが、そうはいかない日々にこの仕事を辞めたくなったこともあります。

でも…そんな中ある答えに気づきました。「部屋をオシャレにしようとするからいけないんだ！　家の主役であるのは誰？　家族や子供たち。つまり自分たちが引き立つような空間にしていけばいいのでは？」ということに気づきました。

一般的にはお子さんの部屋といえば、女の子はピンクや花柄で男の子はブルーや車などのデザイン。わかりやすい色や柄を使ったりしますよね。でも実際に子供が持っているアイテムや描く絵などは原色だらけ。つまり、内装とけんかし、物が露出していると素敵な色も柄も相殺し合い、余計に情報量が多く感じられてしまうわけです。

でもそれを逆に、自分や自分たちが持つものを引き立たせるように、内装を整理していくと、たとえ物が溢《あふ》れていてもそれすら素敵に見えるというマジックが生まれました。具体的に言うと、**壁の色を無彩色系やグレイッシュトーンにするという方法です。**

これによって子供が描く絵もお気に入りの絵本も子供の可愛い花柄のワンピースも全てがインテリアの一部になりました（巻頭カラー写真(6)を参照）。

あともうひとつがカラーコーディネートですね。

SNSではセッティングしたベッドを載せていますが、お恥ずかしながら、こんなこと毎日やっていません。でも…それでも毎日気づけば笑顔になることができます。

その理由は空間全体で色を繋ぎカラーコーディネートしているので、ぐちゃぐちゃでも素敵に見えるからです。わかりやすく言うと、イチゴパフェみたいなものです。イチゴパフェってとっても映えますが、後半食べていてぐちゃぐちゃになったときも、まだ美味しそうに感じますよね。まさにその感じ。

ちなみに、これはリビングやダイニングでも同じです。たとえ綺麗に配置できていなか

朝起きたら、枕が飛んで行っていたり布団も蹴とばされているけど、なんかそのぐちゃぐちゃもまた心地よい。

ったとしても、それでも毎日笑顔になっています。むしろその程よい抜けた感じがより心地よさに感じられるという効果もあったりするわけです。

ぐちゃぐちゃでも素敵になる。これは何より最強なことだと思っています。インテリアってそんな気を抜いたものでも楽しむことができます。これも最大のメリットだと私は思っています。

メリット⑦
実家が片付く、帰りたくなる

たまには実家に帰らないといけないけど…。どうも足が向かない…。そんな気分になることはありませんか。

特に嫌な思い出があるわけではないけど、まだ自分の物も部屋もそのままで…戻ると落ち着くというよりも、どうも後ろ向きになってしまう。しかも戻ったら面倒くさい話もされそうだし…。そんなふうに感じ、つい「近いうちに行くね」と後回しにしてしまう方もいらっしゃると思います。

特にお悩みとしてよく伺うのが、物が多いご実家。

「絶対に物を減らして、もう少し快適に暮らした方がいい！　と親に言っているんですが…。まだ使えるし、もったいないし…と全く相手にしてくれない…」というお話はかなりよく伺います。でもこれって、実は親のためというよりも、あなた自身の心の声のサインだと思いませんか。

本当は帰りたい。でも過去に引きずられるような空間よりも、今の親が生き生きと暮らしている実家の方が風通しがよく、帰りたい気持ちになるから、そうあってほしい。

それがわかっているからこその願いでもあると思います。でもどんなに言っても通じない…、もどかしさもあるのではないでしょうか。

実際にご実家の整理を勝手にするのは、やはりお勧めしません。それでは関係もこじれてしまいますからね。一番は何より、自分自身が今を生きる心地よいお部屋を手に入れることです。そして親には強制せずに、その気持ちよさを親に感じてもらうことがとても大切ですね。

もしその中で親が興味を持てば、まずはひとつの空間でも親が快適と感じる空間を家具の移動だけで作ってみることです。移動だけなら親だってOKしてくれるはずです。むしろ自分の場所が快適に取れるようになったことで、物を手放しやすくなることも考えられるので、この順番はお勧めです。

後は何より、ここまでの気づきができたら、ご自分とお子さんのときに活用することもできます。

いざ自分の立場になると子離れできるか不安があるのは私も同じですが、親が今を生きて、毎日楽しく暮らしていたら、子供も親の心配をせずにいられますし、だからこそ、近寄りやすくなるのは想像ができます。

この考え方、親子として長く良好に付き合っていく上でも非常に大事です。お子さんがなかなか帰ってこない理由がこんなところにあるなんて思ったりしませんからね。

ちなみに、お子さんが過ごしていたお部屋をゲストルームのようにすれば、誰が泊まりにきても大丈夫ですし、そういうベースを作っておくと、人は近寄りやすくなります。

これまでにもお部屋が変わって、ご本人はもちろんのこと、成人なさったお子さんから感謝の言葉を頂いたこともあります。

帰ってきてほしかったら、まずは自分が満たされ笑顔になる。見落としがちなことですが、非常に大事です。

特に年齢を重ねるとつい過去の物に執着しがちです。

過去を大切にすることも大事ですが、皆、人は未来に向かって生きているので物は大切にしつつも、今の時代に今の自分に合った空間に家を変えていく。これは笑顔を拡散する秘訣《ひけつ》です。この視点はあなたの未来を明るくするだけでなく、お子さんとの関係も良好に変えていくものです。ぜひあなたが親に感じた思いと一緒に覚えておいてくださいね。

インテリアにセンスは要らない

インテリアにセンスが必要。これは多くの方が思うことだと思います。ですが…、なんと言っても私はインテリアのセンスがありませんでした（笑）。

インテリアの学校に行き学ぶも、部屋はイマイチ。海外の家具や照明を輸入し、結婚式場やホテルのインテリアコーディネートを提案するも、自宅はどこか冴えない…。それは自分で薄々感じていても、人には言えない悩みとして長く抱えていたことは、今だからこそ言えます。

そこで私が始めたことは、自分がいいなと思ったインテリアの徹底的な研究。なぜこれが素敵なのか…。正直その答えは、どのインテリア本にも書かれておらず、完全にオリジナルな解釈でした。そしてそこで気づいたことを自分で実験し、検証の毎日…。そのころはいろいろなお店をフラフラ覗《のぞ》いては分析していたので、完全に怪しい人でしたね。

結果的に見えてきた法則がこのメソッドの主軸にもなっています。

インテリアにセンスは必要ありません。では何が必要か…が気になりますよね。

まず心地よいお部屋を作っていく上で、第一に大事なのはあなたが自分自身どう在りたいか。家族とどう在りたいか。これだけです。そこさえご自身で導き出せれば、後はこの本を読めばそれを叶える空間を手に入れることができます。

もしあなたがこれまでにインテリアの勉強をしたことがなくても、センスに自信がなくても、思い描いたような自分にピッタリの心地よいお部屋が手に入ったらどんな気分でしょうか。そんな夢みたいな話。ここから叶えていきましょうね。

Chapter 3

買わない・捨てないで実現！
笑顔になるお部屋の実例

10分でもお部屋は生まれ変わる

ここまでお家相談でよくあるエピソードと、家具と小物の配置を見直すメリットについてお話ししてきました。

いかがでしょうか。「あ～わかる、わかる！　まさに我が家です（笑）！」なんてこともあったのではないかと思います。そして、「インテリアって難しいイメージだったけど、だんだん身近に感じてきたし、こんなにいいことがあるならやってみようかな！」そんなふうに思っていただけたら、何よりうれしいです。

これまでのインテリアというと、時間とお金をかけてじっくりと変えていくというイメージが多かったと思います。また、新築やリフォーム時にインテリアコーディネーターが入ったりすることも多いので、規模的にも大がかりなイメージをお持ちの方もいらっしゃるでしょう。

でも私のメソッドでは、なんと90分でお部屋を変えた事例があります。いや…正確に言えば、**家具の移動だけだと10分**ですね。

そう、それぐらい短時間であっと驚くような変化を感じることができる。超絶、驚きのメソッドでもあります。まずビフォーの状態がこちらです。

Before

Before

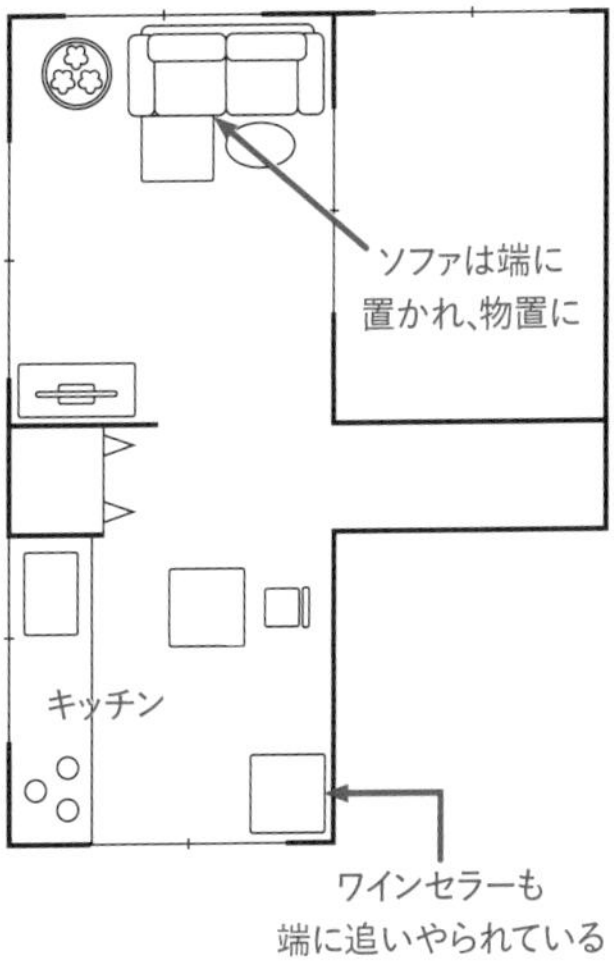
ソファは端に
置かれ、物置に
キッチン
ワインセラーも
端に追いやられている

こちらのお写真、皆さんよくやる【端おき】です。全ての家具が端に置かれていました。そうするとどうなるか、わかりますか。

そう、**ソファもソファとして機能せず、物になってしまいます。**

単なるソファという物が置かれている状態。結構な頻度でお見掛けします。残念ながら、これだとソファとしての機能は、発揮できません。結果、ソファの上は着替えが置かれ…端に置かれたテーブルの上には、カバンが置かれ…真ん中にはぽかんと空いた床。つまり、物置きの中に囲まれている状態になってしまいます。これでは心地よさは感じられませんよね。

何十万というお値段のワインセラーも、キッチンの端に置かれ、せっかく素敵な物がいくつもあるのに、全ての魅力が半減していました。そこでやったことといえば、もちろん家具の配置換え。

まずはソファを真ん中に持ってきて、お友達が遊びに来てもみんなでゆったり過ごせるような空間を作りました。

After

After

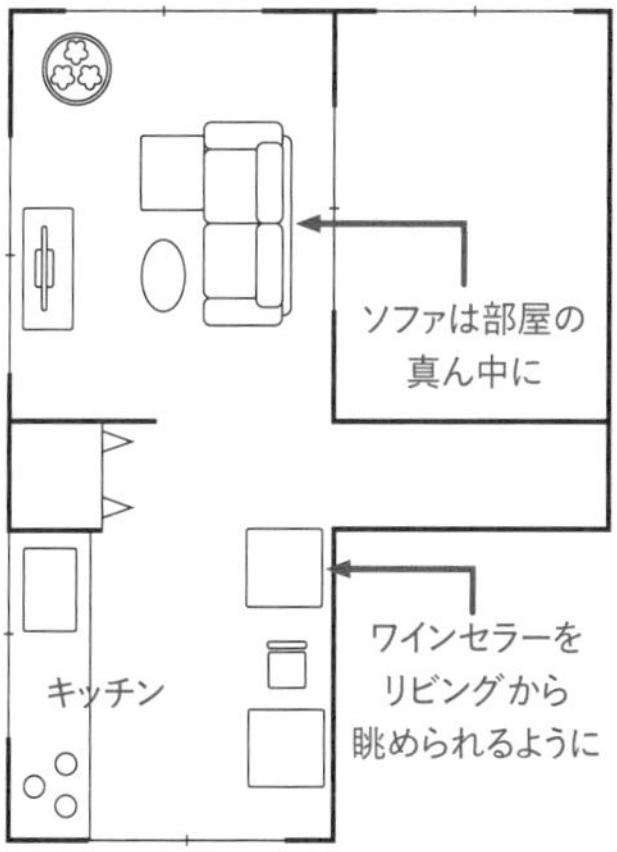
ソファは部屋の
真ん中に
キッチン
ワインセラーを
リビングから
眺められるように

そしてその後には、お好きだというお酒が素敵に見えるように、ワインセラーをリビング側に持ってきて、眺められる配置に。こうすることで空間が何百倍にもオシャレになり、「ここで飲んでいかない？」と誘われたら、「絶対に飲んでいきたい！」というモテ空間が出来上がりました。

これこそ何も買ってもいませんし、捨ててもいません。でも…家具の配置を見直したら、たった10分でここまで素敵にすることができました。見違えるほどの変化ですよね。

具体的にしたことといえば、「家具を部屋の真ん中に置く」これだけです。

こうすることで、物に囲まれた空間から一変。

自分の場所が家のセンターにできたので、部屋が広く感じ、自分が主人公の空間に変わりました（ここについては、次の章でより詳しくお話しします）。

それだけじゃありません。実際に空間もオシャレになったように感じませんか。

家具の配置は居心地の良さを作り出すだけでなく、バラバラだった家具や物たちをより魅力的に見せる効果だってあります。

住み手のための家具を一番いい場所に置く。

これはインテリアで何より肝心なことです。これだけなら10分で本当にできるので、ピンと来た方はぜひ試してみてくださいね。

何も捨てずに、玄関が広くスッキリ

「大量の物と何回もお別れをして、お気に入りしかないはずなんですが、まだ物が多いと感じます」

このようにおっしゃっていたお客様。まず玄関を見せていただくと…下駄箱の上には、お気に入りの小物と玄関周りで使われている物が全て置かれていました。これ、結構皆さんやりがちなんですが…、お気に入りも、鍵・靴ベラ・マスクなど…玄関周りに必要な物と一緒に置いてしまうと、お互いに相殺し合って、単なるぐちゃぐちゃに加担をする存在になってしまうんですね。

これ…非常にもったいない!!　このごちゃごちゃを毎日見ているので、我が家は物が多い…という思い込みが植え付けられ、毎日モヤモヤするわけです。恐ろしいですよね〜。

でも実はこのパターンは、解決するのが超簡単！です。

具体的に何をしたかというと…床置きされていた、鏡を有効利用。これを玄関の上に横置きにし、下駄箱の上に何げなく置かれていた靴ベラに鍵置きなどは、死角部分の下駄箱側面に移動。

そうしたらこんなに素敵な玄関が出来上がりました。こうすることで、玄関が明るく広くなったのはもちろんのこと、季節ごとに、ここに花や枝物を飾れば、その光景も2倍になり、毎日無意識に笑顔になることができるようになりました。

お気に入りの物を置いているのに素敵に見えない。

物の移動だけでここまでスッキリかつ使い勝手の変わらない空間に。

鍵は、いつもと同じ場所に置くことができているので、問題なし。

つまり、**使い勝手はこれまで通りにもかかわらず、部屋が何百倍にも素敵に見える**というマジックが生まれたわけです。

これ…何も捨てていませんよ。

玄関にある物の情報を整理していった結果、ここまで素敵に変わりました。

こんなふうに既に大量の物とのお別れを経験し、本当に必要な物しかもっていない方は、何も捨てなくても、そこにある物や家具の配置を換え、見え方を変えることで素敵にできるケースは非常に多いです。なので、もしあなたが、同じ状況であれば、今やるべきことは、本書の中に全て書かれています。ぜひ引き続き楽しんでお読みいただければと思います。

趣味が違う夫婦が笑顔になる仕事部屋

「主人と好みが全く違うのが悩みです」これもまたよく聞くお悩みですね。でも実はそれは当たり前のことです。私がこの仕事を通じて何より感じてきたことになりますが、お部屋って心の鏡。だからこそ、自分らしい空間を部屋に求めます。

こんなふうにお話しすると、それって千差万別だろう…と思われるでしょうが、実はそんなことはありません。細かく言えば、もちろん皆さん違いますが、**実は大きく分けると2パターンにしか分かれません。それが、女性が求めるインテリアと男性が求めるインテリアこの2つです。**

実は女性は、空間に女性らしいインテリアを求める傾向にあります。例えばそれは、「優しさ」「柔らかさ」「丸み」「繊細さ」「曲線」「明るさ」「温かさ」などです。これらの単語を聞くだけでもミロのビーナスのような、女性的なイメージを頭に思い浮かべませんか？

そして男性は、その真逆。「硬さ」「直線」「重厚感」「黒さ」「太さ」など、かっこいい男性のイメージを彷彿《ほうふつ》するものを選ぶ傾向が高いです。これもまた無意識に求める男性らしさだと私は思っています。

つまり、好みが違う…のは当たり前のこと。これはあなただけでなく、ほとんどの家庭にも当てはまるということをわかっているだけでも、ストレスは軽減されると思います。

さて、在宅ワークが増えて、仕事部屋が必要になった方も多いのではないでしょうか。部屋の数が足りれば、ご主人用・奥様用とできますが、限られたスペースなら、そうはいきませんよね。

次の事例では、ひとつの空間でご主人と奥様が仕事をする場合のインテリアについてお話しさせていただきます。こちらのお客様の悩みも、まさに今お話ししたとおり、ご主人と奥様の好きなテイストが全く違う！　というお悩みでした。

具体的にお話しすると、奥様は、アンティークやナチュラルなテイストをお好みなのに対し、ご主人はゲームやパソコンなど機械的なものが大好き。まさに正反対ですよね。

持っている物も奥様が木やラインが華奢な物が多いのに対し、ご主人はスチールや、黒がメインで、椅子もゲーム用のごつい回転いす（笑）。これでは奥様が嘆いてしまう気持ちもわかります。この正反対の物が6畳の部屋に置かれている。これがビフォーでした。

実際にドアを開けて、その光景を見てみると…

確かに!!　せっかくの奥様の素敵なシーンが、ご主人のゲーム用いすと並んでいることで台無しに。いや…それはご主人からしても同じ思いだったかもしれません。

ドアを開けて最初に見える場所が右側が奥様の場所、左側がご主人の場所。

でもこれ…実はそんなに難しい問題ではありません。実際にどうしていったかというと…、こんなふうに奥様とご主人の場所を切り分けて考えてみました。

※左のパースはお客様が作られたものです。今は年間1000円でこんなアプリもあります。

簡単に言うと、奥様の場所はフォーカルポイントに、ご主人の場所は全て死角に配置しました（フォーカルポイントと死角については、次の章で詳しくお話しします）。

6畳という限られた空間にもかかわらず、こうすることで、奥様の空間とご主人の空間

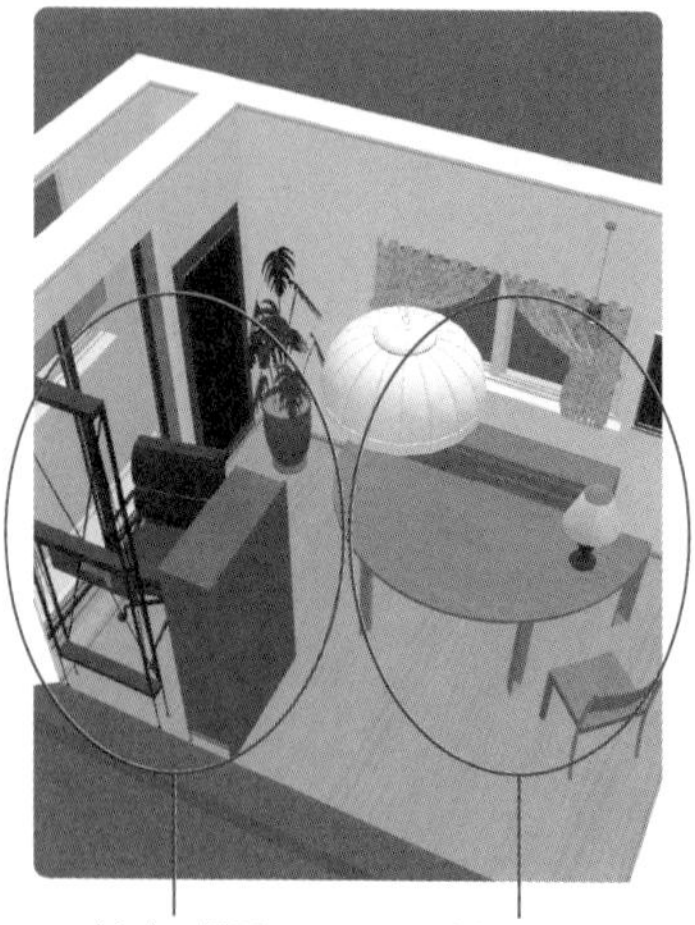

が切り離され、お互いがお互いの気配を感じつつも、集中できる環境が整ったのがわかりますでしょうか。

変化はそれだけではありません。これまで奥様が嫌がっていた、テイスト同士のけんかがなくなったわけです。**ドアを開けた瞬間は奥様が望む世界が広がり、毎日笑顔になることができるようになった**わけですね。これって凄いと思いませんか？

先ほどもお話ししたように、基本的に男性と女性が求めるものは違います。これが

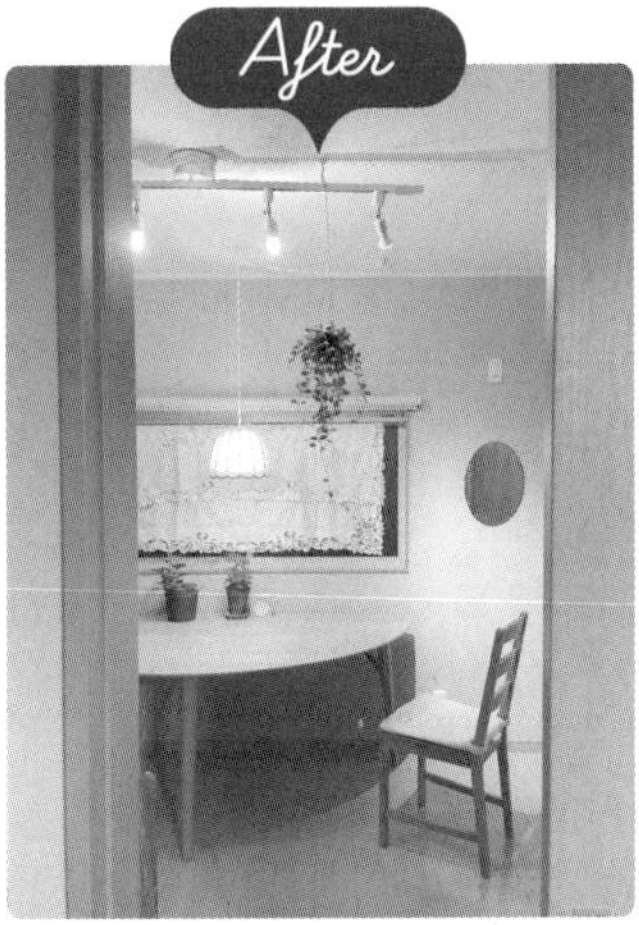

ＬＤＫであれば、お互いの折衷案でいくのもありですが、仕事スペースというプライベートの部分はやはり自分らしさを出したいところだと思います。そんなわがままもこんな工夫で成り立つということは、皆さん案外気づかないポイントなので、覚えておいてください。

シンプルに考えると結構簡単に見えてくるのがインテリア。

これだって、買わない・捨てない。家具の配置を見直すだけでできちゃうマジック。なんか心地が悪いと思うと、我が家はそもそも狭いからだ！　部屋数が少ないからだ！　なんて嘆きそうなところですが…そんなことなくて、ちょっとしたことで、部屋は何百倍にも効果的に魅力的に変化できるということが伝われればうれしいです。

頑張りすぎたママが笑顔になるリビング

我が家は、誰も我慢しないような家づくりを心掛けているというのは、先ほどお話しさせていただきましたが…、そんな私も実は、我慢してしまうタイプでした。結婚して子供が生まれ、10キロ近く太った過去があるのもその証拠ですね。

1時間以上かけていたメイクも気づけば1分。近場だったらノーメイクも日常茶飯事。洋服だってほとんど買わない。買うとしたら子供の用で買いに行ったユ○クロで済ませていた時期も長かったように感じます。家族を優先し、自分を後回しにする時代。ご家庭をお持ちの方なら、気付けばこの状態というのはよくあることだと思います。

それで何が一番怖いかというと…**我慢して自分の気持ちに蓋をして生きていると、本当の思いすらわからなくなってしまうこと。**表情すら能面のように固くなり、心が動かなくなっている方というのはこれまでにもかなり多くお見掛けしてきました。

「○○さんは、本当はどんな暮らしをしたいですか」と問いかけても、これが何か月も浮かばない人がいるのがその証拠です。

そんなときは、私も丁寧にヒアリングしながら、お部屋を見ていくのですが、あるときこんなことをおっしゃっている方がいました。片付けはできているのになんかモヤモヤする。いつもさみしい。自分だけ取り残されている気がする。こんなことをおっしゃっていました。

お客様のお部屋を見させていただくと…、そう感じる理由が全てお部屋の中に表れていました。そのビフォーがこちら。

よくある配置だと思うのですが、実はこれで生じる問題がいくつかあります。それが

①帰ってきたときに家族の顔が見えず、「お帰り」「ただいま」が言い合えない
②キッチンでママが料理や洗い物をしているときに、「ごはんだよ！」と話しかけても、テレビに集中して、返事が帰ってこない

Before

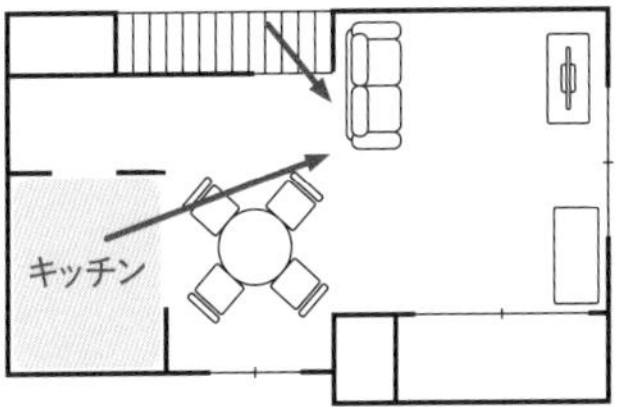
キッチン
「ただいま」と声をかけても
顔を合わせない。
「ご飯だよ」と声をかけても
聞こえない。

この2つが原因で、結果的にママはいつも孤立状態になり、無意識レベルで寂しさを感じていたわけです。ということで、ここでも家具の配置換え。

①帰ってきてお互いの顔が見えるので、挨拶が絶えないお家に変化

②ご飯を作っているときや、洗い物をしているときも家族の顔が見えるので、孤独感が

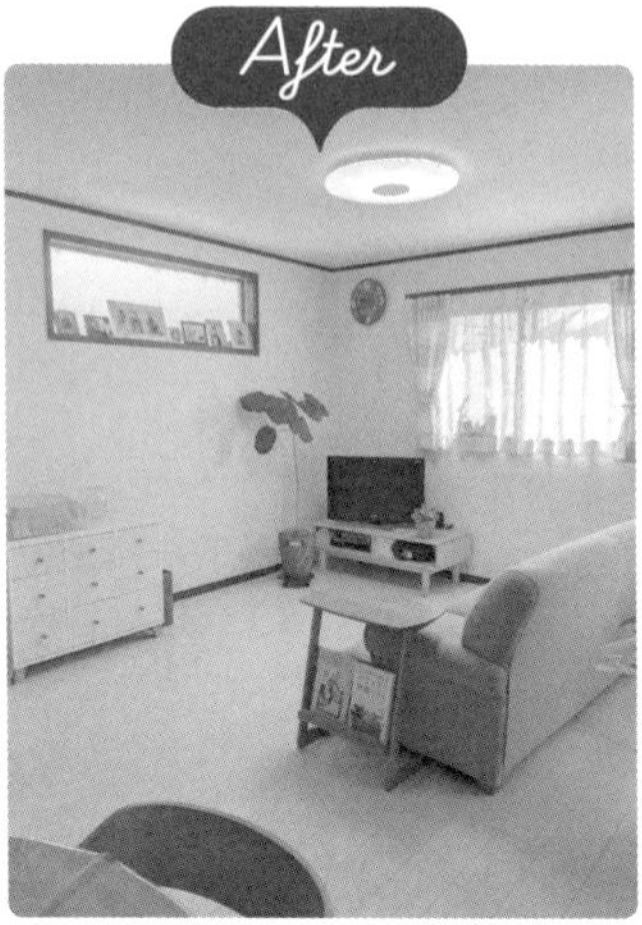

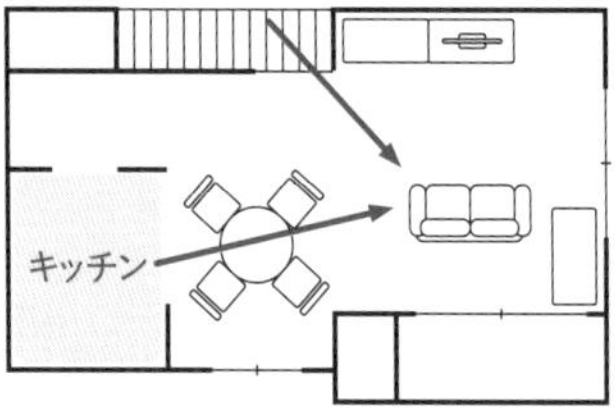

帰ってきたら顔が見える。

ご飯の時も孤立しない。
呼んだら聞こえる。

なくなり、「ごはんだよ〜」と呼んだときも、返事に応えてくれるように変化。

ただソファとテレビ台の位置を動かしただけで、ここまでの気持ちの変化が起きました。

そしてこんなふうに、ベストな家具の配置が見えてくると、次にやりたくなるのが装飾です。つまり、より笑顔になる仕掛けに興味が湧いてくるわけです。

本書では、買わない・捨てないで笑顔になるメソッドをご紹介していますが、それと同時に、買うというのはこの段階から始まるということも、お伝えしたいです。ベストな家具の配置が見つかれば、それをもっと良くするためにどうする？ となるのは当たり前のことで、それがわかってから買えば、失敗だって起きません。

こちらのお客様は最終的にその自分の理想の空間が見えてきた後に、照明を換えたり、小物アイテムをプラスし整えて、こんなに素敵な空間に変えていきました。

これもママだけが笑顔になる仕掛けと思ったらそんなことはありません。家族間のコミュニケーションが深まることは、家族全員にとって大切なこと。そしてもうひとつ。何よりママが笑顔になったこと。この効果も絶大で、家族にとって一番の悦びにも繋がります。

お子さんが生まれ、無意識に我慢をすることが当たり前になっているお母さんは非常に多いです。

でも、こんなふうにお家の中を自分が笑顔になる空間に変えることでの気持ちの変化はとても大きいです。ぜひ皆さんも今どんな気持ちを抱えているのか、まず自分の心の声を聞いてみてください。そしてそれを解決できる家具の配置をこの本で考えていきませんか。

次の章では具体的なお部屋作りの実践方法もお話ししていくので、ぜひ楽しみにしていてくださいね。

照明を換えただけでこんなにオシャレに。新婚時代に買って、眠っていたソファも再び活躍。

バラバラなテイストの家具なのにオシャレに見える

インテリアというと、北欧風とか○○テイストみたいに、テイストを合わせることが大事と思っている方が多いかと思います。

例えば、床や建具の色と家具の色を合わせた方がいいと思ったことはありませんか。これも案外多くの方の思い込みで、もちろんなしではありませんが、全てが同じ色合いだと、のぺっとして立体感が出ずに、ぼやけてしまうこともよくあります。

他にも同じショップで買えば、色合いもテイストも合うから素敵になるはず。こんなふうに思っている方もまた結構いらっしゃいます。例えば無○良品で揃えれば、間違いないと思っている方は、中でも一番多いですね。

もちろんそれは、ある意味合ってはいるのですが…、これだとある問題が起きてきます。

それは**あなたらしさがお部屋に表れてこない！** これは大事なポイントです。

家や部屋は心の鏡。つまりその部屋自体があなた自身になるわけです。それにも関わらず、自分の心の声を無視し、型にはめ込んでしまう。だからこそ、しっくりこない…と感じ続けている方も非常に多くお見掛けします。

私たちはそれぞれ違って、いろいろな出会いがあって今に至ります。それは家族という出会いから始まり、家を出て、自分の外側の世界に触れ、時に日本を超え、海外との出会いもあるかもしれません。

その中で出会ってきた全ての物があなたを作り出しているわけです。それを部屋の中で表現できるのが、一番魅力的なお部屋だと私は思っています。

先ほどの事例でもご紹介しましたが、こんな方がいらっしゃいました。男性の方で、お家にはご実家でお母さんが使っていたテーブルが置かれていました。それは猫脚のウォールナットのテーブル。男性のお部屋に置かれているとちょっと違和感のある存在でした。

でも…ここにもまた、この男性とお母さんにしかない物語があるわけです。

現状は、部屋の端にぽつんと置かれていました。つまり物置きになってしまっていたわけです。そうなると確かにテイストが違うから素敵に見えないと思われるでしょうが、実はそこではないんです。これをお部屋全体で見直していきました。そして、そのテーブルをテレビ台として使用してみると…（87ページの右の写真と巻頭カラー写真(2)を参照）。

お部屋がこれまでになく素敵にまとまったのです。ここで何が言いたいかというと…、**テイストよりもまず大事なことは、各空間を心地よく機能させるための家具の配置**であるということを皆さんにお伝えしたいです。

そしてそこが整うと、**むしろ違ったテイストが、その方のオリジナルな空間として、魅力的に輝きだすということ！**　ここが最大のポイントです。

先日、全世界の著名なアーティストさんのお家が特集された『世界のアーティスト２５０人の部屋――人生と芸術が出会う場所』（青幻舎）を購入しました。

そこに広がる世界は、よくお見掛けする○○テイストなどに当てはめることは全くできない空間です。アーティストさんゆえに、時に奇抜なものもあるので、私たちの暮らしに参考になるかどうかは別にして、ただ一言言えるのが、その人らしさが空間に表現されている。これに尽きます。

私は心地よいお家というのはそういうものだと思います。あなたが生きてきたこれまでが反映され、これから生きていく全てでまた変化していく。これこそがあなたが、毎日胸がキュンとする家です。

なので、〇〇テイストなどは、もちろん参考にするのはいいと思いますが、そこに縛られないでください。

本書でお伝えするシンプルな法則を元に、あなたらしさを表現していけば、あなたにしかない空間が出来上がります。そしてその空間は、あなたを最も癒し、あなたの印象を格段にアップさせてくれる場所になりますよ。

Chapter 4

実践！ 笑顔になるお部屋の作り方
今ある物で
あなた史上最高の空間に

フォーカルポイントと死角

さて、前章では買わない・捨てないで笑顔になるお部屋づくりの、具体的な事例をお話ししましたが、いかがでしたでしょうか。

ご紹介した事例は、これから説明するメソッドを踏まえ、お客様ご自身の手で変えた事例です。しかも冒頭で申し上げた通り、撮影もご本人。皆さんＳＮＳもやっていないのに、カメラなど得意でもないのに、私が撮影テクを教えたわけでもないのに、映える写真が撮れているのは、まさにご本人の動線上に胸キュンポイントが作られているからです。あの写真の世界は、実際に毎日見る景色そのものです。

しかも、アフターだけを見ると、センスがあるからこそできた…なんて思ってしまいがちですが、ビフォーは、まさに今のあなたと同じ状態で、同じ悩みをお持ちでした。つまり、あなたもコツさえ押さえれば、これまでの悩みから解放され、毎日笑顔になるお部屋を手に入れることができます。

本章ではその具体的なお部屋作りの方法をお伝えさせていただきます。ここは一番面白い所でもあります。気づいたことがあれば、すぐに本を置いて、ぜひ家具を動かしてみてくださいね。

では、始めていきましょう。まずインテリアは難しい…と思われるぐらいなので、お部屋作りには、確かにたくさんのポイントがあります。ここでは確実に、効果が高いもの・絶対に考えてほしい所からお伝えしていきましょう。

ちなみに…実際にこれまでのお客様も、この流れを踏まえて進めており、だからこそリバウンドなく毎日笑顔になるお部屋を維持し続けています。

まず一番大事なポイントがこちら！ 「フォーカルポイントと死角」です。

これまでにインテリアについて学んだことがある方はご存じかもしれませんが、**フォーカルポイントは、やはり何より大事です。でも、それ以上に意識しないといけないのが、**

この死角でもあるんです。これを同時に考えていくのがポイントです。

まずフォーカルポイントというのはこの位置です。

一般的には、ドアから見える対角線上の角なんて言われたりしますが、私はここでは、**ドアを開けた瞬間に見える景色**としています。

フォーカルポイントと死角

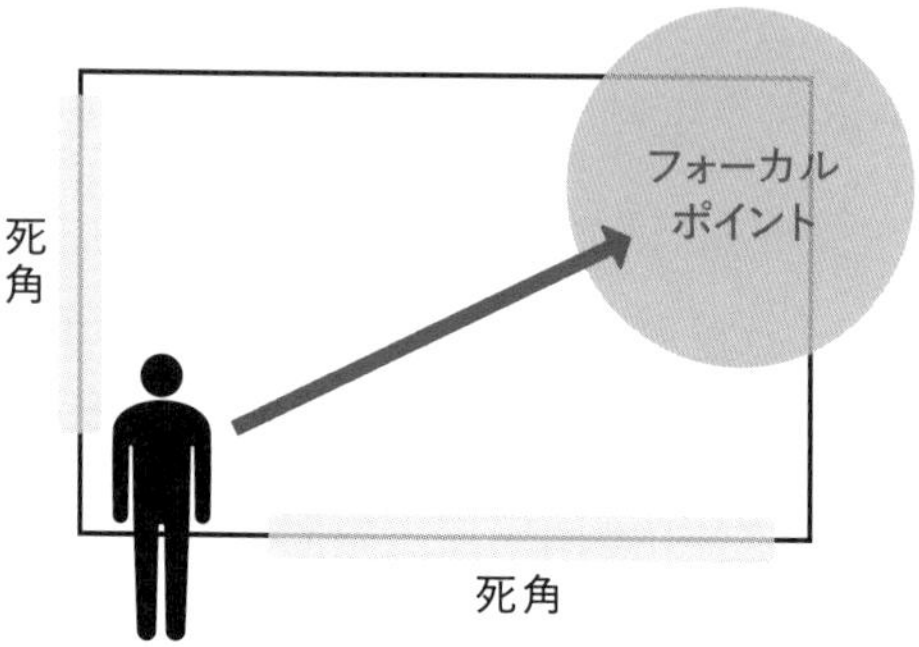

フォーカルポイントとは…ドアを開けた瞬間に見える景色
死角とは…ドアを開けたときに視界に入らない場所

そしてその場所に何を置くか。従来はそこに、絵や観葉植物やアートなど…自分が見たい物を置くとお部屋が素敵になると言われていました。
それももちろんその通りではありますが、**私はこの場所に「自分たちの場所」を置くことをお勧めしています。**

つまり、リビングならソファ、ダイニングならダイニングセット、書斎ならデスク、寝室ならベッドです。

なぜこれらを置くかというと…こうすることで、**自分たちが心地よく過ごすこと自体がフォーカルポイントつまり見せ場になるからです。**ここが物凄く大事！
自分たちの幸せなシーンを毎日目にすることで、これまでにお話ししてきたようなメリットのあるお家に変わっていくわけです。

では具体的にリビングから見ていきましょう。リビングといえば、家族皆が集まるところです。ドアを開けた瞬間に、ソファが出迎えてくれたらどうでしょうか。

誰もいないなら、そのくつろぎの空間に、ほっと安心することができると思います。

では家族がそこに座っていたらどうでしょうか。「おかえり」「ただいま」の会話が当たり前に飛び交います。ここは前章でもお話ししましたね。どんなに夫婦げんかをしようが、お子さんが思春期になり会話が減ろうが、この仕掛けが作られていることで、家族が無意識に顔を合わすことができるので、程よい距離を保ちながらも繋がることができるわけです。この光景は皆さんも想像できると思います。

我が家のリビング。クッションさえ元に戻せば毎日ときめける。

さて、ここでもうひとつ大事になってくるのが、ソファのサイズです。これからソファを買う予定がある方には、断然大きめをお勧めします。これには2つ理由があります。

ひとつ目は、ソファが大きくなると、リビングが広く感じるからです。これは1章でも触れましたね。床面積は狭くなるにもかかわらず、自分たちの場所が広くなることで、リビングが広く感じるのは、驚きの錯覚です。ぜひ騙《だま》されたと思って試してみてください。

そしてもうひとつの最大の理由。それが、家族全員の居場所を作るためです。

リビングというのは、これまでにもお話ししてきましたが、やはり家族が集うためにも、ゆったりとともに過ごす仕掛けが肝心です。そのことを考えると、家族全員の居場所を確保できる大きさが必要になりますよね。

一般的に、2・5人掛けや3人掛けなどで表示されていますが、本当に家族がここに集まって座るには、心の距離感分の余裕も必要になってくるわけです。もしお父さんが寝たら、もう誰も座れない…。そんなサイズなら、どんな未来が待っているか…想像ができますよね（笑）。なんとなく置けるサイズで決めてしまうと大変なことになるので、十分気を付けてください。

ちなみに…ソファのサイズに関しては、これまでこんな事件がよく起きました。

「家族全員で過ごすためにも、最大限置ける2・1メートルでカウチタイプにしましょう」と決めたにもかかわらず、お客様がソファメーカーに行くと、「お店で1・8メートルぐらいの方がいいと言われて…どうしたらいいでしょうか」というご連絡がありました。

その度にそう提案された理由を聞いてみると…、左右に人ひとりが歩ける分、大体600ミリぐらいの余裕をとっていることがほとんどでした。

確かに動線も大事です。でも実際に使わない通路を広くしても、あまり意味がありません。むしろ自分たちの場所が狭くなるだけですからね。

私はそういう意味でも、**その家において、必要最低限の動線寸法を考えて、いつもそこに置くことができる最大サイズのソファをお勧めしています。**だからこそ、「集う」が復活した事例もたくさんあります。

実際に先ほどの方も、店員さんのアドバイスの1・8メートルをやめて、計画通り、2・1メートルにして大正解だったと言っています。

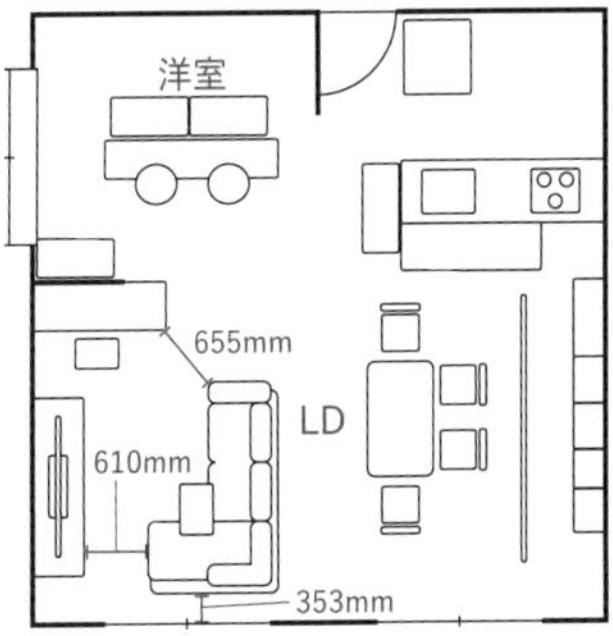

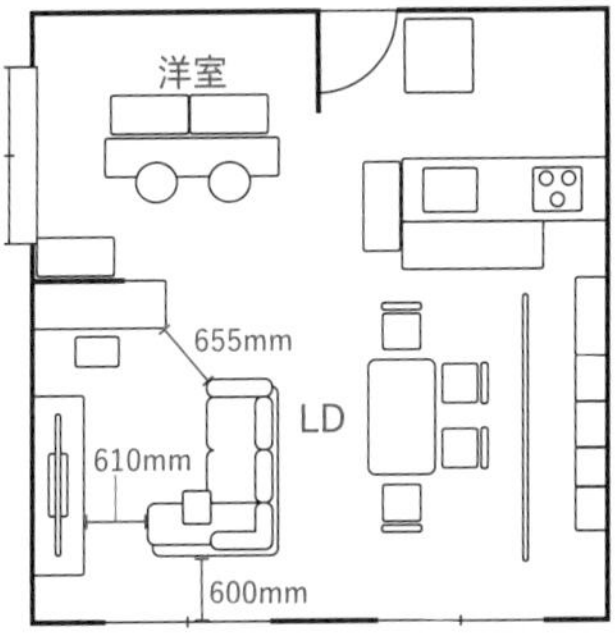

【210cmのソファ】
窓側は狭くなるが、自分たちの場所が広くなる。

【180cmのソファ】
窓側に600mmの通路が出来るがここはそんなに通らないのでそこまで広くなくてよい。

他にも3階建てで一般的なサイズのＬＤＫに、３メートルのソファを入れたこともあります。こんなふうに、私がアドバイスすると、お店がお勧めするサイズの50センチ近く大きい物もたくさん入れてきています。

210㎝のソファを実際に入れた写真。

実際に私も最近2メートルのソファから、オットマンと横並びで2・5メートルのソファにしたばかり。まさに先ほど載せた我が家の写真がそのサイズです。

おかげさまでリビングが広くなりましたし、家族4人と猫2匹。よりくつろげるようになりましたからね。通路だって40センチですが、歩く分には十分です。何より高さがない

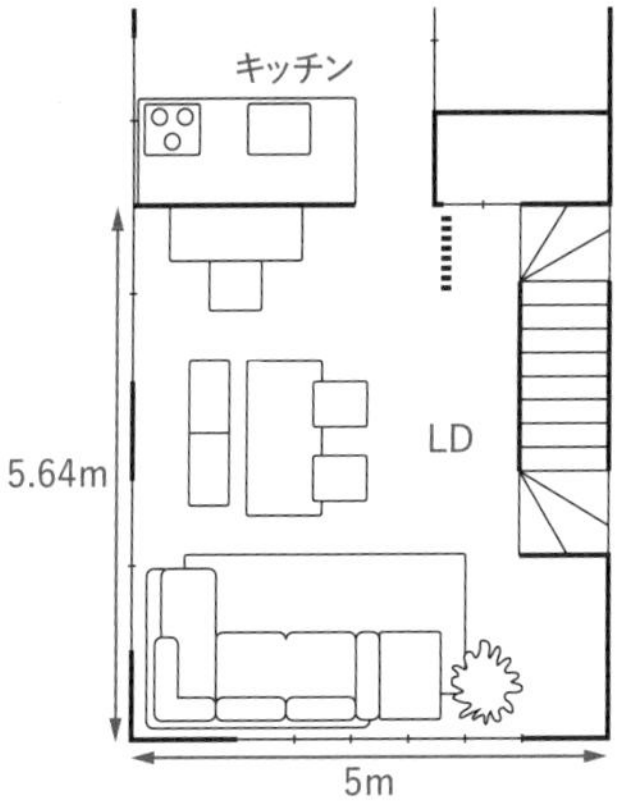

14畳のLDKに
しかもひとり暮らしなのに
横幅3メートルのソファ。

ので脚だけ通ることを考えると、そんなに必要なかったりしますからね。つい家具のサイズを決めるときなど、図面を見ながら平面で考えがちですが、こんなふうに立体で考えることも物凄く大事なんですよ。

ちなみにソファを選ぶ上でもうひとつのコツは、背の高さです。

背がそこまで高くないものだと、横が大きくても圧迫感が生まれないので、見た目はスッキリしつつも、きちんと居場所作りができるので、お勧めです。

高さは空いていて余裕があるので、40cmあれば充分通れる。

ソファは家具の中でも難易度は高いですが、効果的に使うと計り知れないパワーを与えてくれます。中でもサイズはかなり重要であるということ。ここもぜひ覚えておいてください。

さて、リビングに関しては、基本この考え方がお勧めですが、「我が家はとにかくテレビ好きなので、リビングとダイニングどちらでもテレビが見える配置にしたい！」というご要望を頂くこともあります。

特に、マンションの場合は、廊下をセンターにリビングとダイニングが分かれていて、奥側が窓のことも多いですよね。

そんなときは、次ページのような配置をお勧めすることもあります。

こうすると、どちらからもテレビが見られるので、家族皆で程よい距離を取りながら一緒に過ごせます。ここも先ほど申し上げましたが、自分たちがどう在りたいか、がまずは一番大事になるので、このベースを踏まえた上で我が家のベストを決めてみてくださいね。

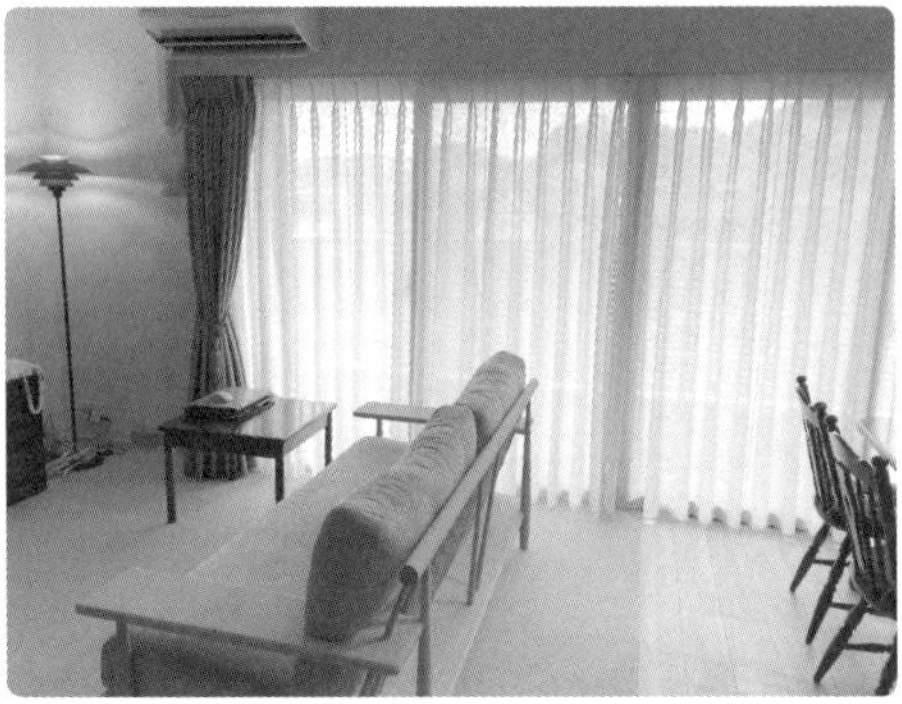

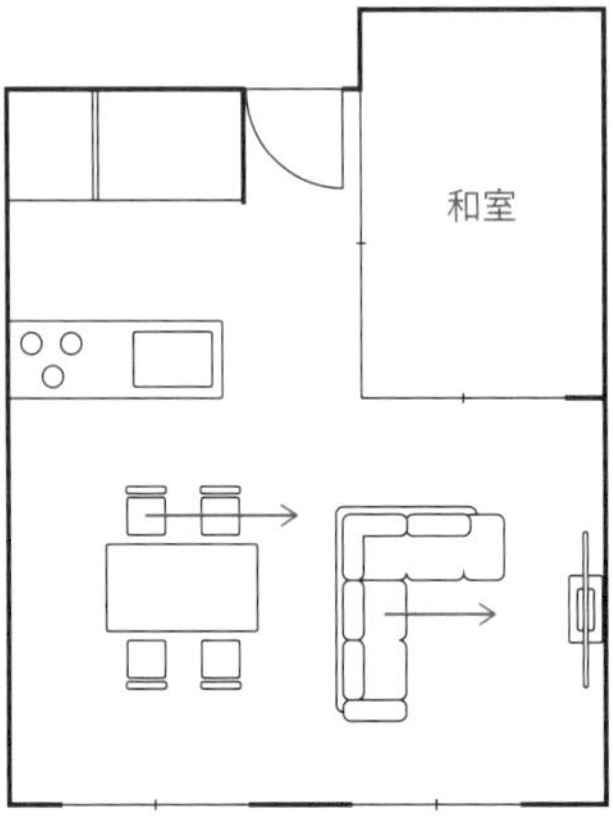

両方からテレビが見える。

そして次は、ダイニングセットですね。

1章でお話ししましたが、大前提としてダイニングテーブルで勉強をしていない状況であるとします。そうすると、帰ってきて、ダイニングの上には何もない状態になっていることがほとんどです。つまり、スッキリとした状態。これを見ると、疲れて帰ってきたときにどっと疲れるどころか、ササっと夕食を作ろうというスイッチも入るわけです。

しかも**ダイニングって、何より胸がキュンとなれる場所です。**

個人的には**ダイニングにはペンダントライトをお勧めしています。**このワンセットが目に入ると、ディスプレイの三角の法則（後半で詳しく紹介）も当てはまり、そこはまるで小さなレストランのように、素敵に演出されます。こんなふうにリビングダイニングが整っていると、どんなに疲れていようが、毎日笑顔になることができます。

「いや…そんなこと言っても、我が家はぐちゃぐちゃでそんなシーンにできないです！」

そんな声がまたまた上がってきそうですが…、そんなときにもうひとつポイントになるのが、先ほどお話しした死角になります。

死角というのは、ドアを開けた瞬間に目に入らない場所のことです。この場所に、ふだん生活するうえで、必要な物を置くのがポイントです。

つまり、フォーカルポイントに**【住み手のための家具】を置き、死角に【物のための家具を置く】**のです。

1章でもお話ししましたが、家具には基本2種類の家具があります。

①**【住み手のための家具】ソファ・ダイニングセット・ベッド・デスク**

②**【物のための家具】本棚・カラーボックス・テレビ台・収納**

シンプルに分けると2種類しかないわけです。これをフォーカルポイントと死角に分けて置くことが、何よりのポイントです。

こうすることで、ふだん何げなく目に入るものは、自分たちが心地よく過ごせる場所なので、ついつい笑顔になってしまいます。

しかも、死角には普段使いの必要な物が置かれているので、使い勝手も変わりません。あとはその場所が多少リバウンドしていても、死角なので目に入ってこない…なのでイラつかない…という効果だって狙えます。

実際、我が家は夕方や週末は部屋が散らかり、かつ猫2匹と女子も3人なので毛が散乱していることもよくありますが、この仕掛けを作っているので、そこまでイラつくことな

棚を死角に移動してスッキリ。使い勝手は変わらない。

く、笑顔になっています。これもフォーカルポイントと死角を使い分けているから。

こうすることで毎朝ササっと掃除して、土日に少し時間をかけて掃除すれば十分、この状態をキープすることができます。

フォーカルポイントと死角は、理屈さえわかれば物凄くシンプルなので、ＬＤＫに限らず、寝室や子供部屋にだって生かすことができます。


次は寝室ですね。寝室といえば、寝るための場所ですよね。

ですから、ここでフォーカルポイントになるのは、ベッドになるわけです。


ここでもまず言われそうなことがあるので、先に皆さんにお伝えしておくと「我が家にベッドは置けない！」「ベッドを置いたら、部屋が狭くなりそう」

これもまた耳にタコができるほど言われてきました（笑）。理屈ではそうです。平面図で見てもそうですよね。

確かに床面積は小さくなります。でも私たちにとって必要なものは、床ではありません。

私たちが快適に過ごすスペースです。それは寝室でいうと、快適に眠る場所なんですね。

というわけで、ベッドをフォーカルポイントに置いてほしい！

こうすることで快適な睡眠の場所が、ドアを開けて最初に目に入るので、ほっとすることができます。

後はよくこういうご質問も受けます。「ベッドだと狭くなりそうなので、布団ではダメでしょうか。」これに関してはもちろんOKです。ただ、布団というのは、敷いたら畳まなければいけません。つまり手間がかかるわけですね。そんなこともあり、それが億劫《おっくう》でなく衛生的にできる方なら、もちろんありです。ここでお伝えしている方法は、私のように、ずぼらさんでもできるのが大前提になっているので、そこは誤解しないでくださいね。

ただベッドには布団にないメリットがいくつかあります。

①毎日気づけば笑顔になれる
②衛生的に保てる
③身体や足腰への負担がない
④快適な温度を保てる
⑤ぐちゃぐちゃでも素敵に感じる

という、ずぼらさんにはありがたいメリットがたくさんあるので、ベッドをお勧めしているというのはあります。後は…何度も言いますが、寝室は寝る場所です。ここでヨガや格闘技をするならまだしも、基本寝る場所としてお使いでしたら、その仕掛けを作る上でもお勧めです。

また、寝室には時に本棚やチェストなどの棚があることがあります。これらは死角に置く。そして、本棚などは、ベッドに座ったときに、見えない位置に置くことも大事です。**眠る前に目に入る情報が多いと、就寝の妨げになるので、そのあたりの情報整理はかなり大事になります。どうしても目に入るときには、ロールスクリーンを付けるのも方法です。**

そして、ぜひ抑えてほしいのが、**寝具をコーディネートする**こと！ ここだけは外せません。以前、奥様は花柄でご主人はチェック柄の寝具を使っている方がいらっしゃいまし

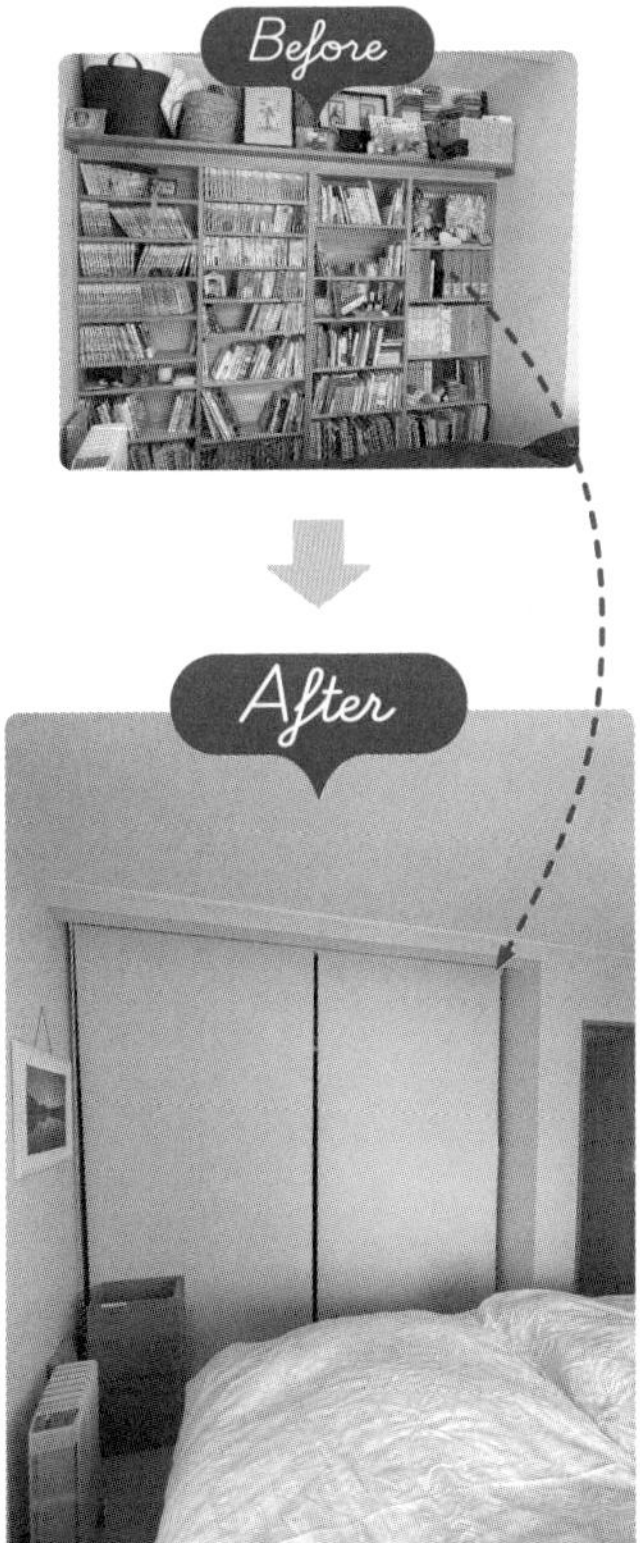

た。でもこれだと相殺し合って素敵な寝室にはならないんですね。これも先ほどもお話ししたように、男女の好みの違いゆえに起きる問題になります。この場合は**配置を換えるわけにはいかないので…寝具を揃えることをお勧めしています。**

例えばふたりとも素敵と感じる白やグレー系などにしてみたり、季節ごとに色や柄を変えてみるのもひとつです。

ここが統一されると、見た目の印象はかなりアップしますよ。そしてクッションや枕カバーでお互いの好みの色や柄をコーディネートしながら取り入れるのもお勧め。

後はそこに間接照明を置くと…ドアを開けた瞬間、眠りにつきたくなる空間になります。まるで、ホテルのような寝室。映画のような寝室だって夢じゃないです!

ちなみに、ドアを開けたときに見える壁が窓の場合もあると思います。そんなときは、ベッドは逆側に置いて、窓を素敵に見せるのもひとつの方法です。

郵　便　は　が　き

料金受取人払郵便

豊島局承認

4482

差出有効期間
2025年10月
31日まで

●上記期限まで
切手不要です。

170-8790

333

東京都豊島区高田3-10-11

自由国民社

愛読者カード　係　行

住所	〒□□□-□□□□　都道府県　市郡(区)			
	アパート・マンション等、名称・部屋番号もお書きください。			
氏名	フリガナ	電話	市外局番　市内局番　番号 (　　　)	
		年齢	歳	
E-mail				

どちらでお求めいただけましたか？

書店名（　　　　　　　　　　　　　　　　　　　　　　　　　　）

インターネット　1．アマゾン　2．楽天　3．bookfan

4．自由国民社ホームページから

5．その他（　　　　　　　　　　　　　　　　　　　　　　）

ご記入いただいたご住所等の個人情報は、自由国民社からの各種ご案内・連絡・お知らせにのみ利用いたします。いかなる第三者に個人情報を提供することはございません。

『ソファは部屋の真ん中に』を
ご購読いただき、誠にありがとうございました。
下記のアンケートにお答えいただければ幸いです。

●本書を、どのようにしてお知りになりましたか。

□新聞広告で（紙名：　　　　　　　　　　　新聞）
□書店で実物を見て（書店名：　　　　　　　　　　　　）
□インターネットで（サイト名：　　　　　　　　　　　）
□人にすすめられて　□その他（　　　　　　　　　　　）

●本書のご感想をお聞かせください。

※お客様のコメントを新聞広告等でご紹介してもよろしいですか？
（お名前は掲載いたしません）　□はい　□いいえ

ご協力いただき、誠にありがとうございました。
お客様の個人情報ならびにご意見・ご感想を、
許可なく編集・営業資料以外に使用することはございません。

住み手のための家具は真ん中に

フォーカルポイントと死角についてお話ししてきましたが、ここではそれと同じぐらい大事なことをお伝えしていきたいと思います。

事例でも何度かご紹介してきましたが、家具の配置です。家具は2種類に分類されるのはご存じですね。「住み手のための家具」と「物のための家具」の2種類があります。そして本書の中でキーになってくるのが、**住み手のための家具、これをズバリ【部屋の真ん中に】置きます。**

またまたおかしなことを言いだして…と思われる方も多いと思いますが、これはとにかく何より大事なポイント! それは私たちの心と密接にかかわっている部分でもあるからです。ここまででも少しお話ししましたが、「お部屋の心地が悪い…」そう感じている人の多くが、自分の場所を端に追いやり、結果そのスペースにできた場所に物を置き、物に囲まれた暮らしをしています。

そして心地が悪いと感じているのですが、そもそもお部屋自体が、まさに自分自身を後回しにした空間になっているから、当たり前とも言えます。完全に物に支配された暮らし。

まさに、物の価値が自分より高い状態では心地よいわけがありません…よね。

だからこそ、これを逆転させる！　そんなこともあり、まずは物より先に、自分たちの場所を作っていきます。物の場所である収納は一度無視して考えてくださいね。

というのもみなさん、お部屋作りをするときって、今ある物全てをどうにか収めることを先に考えてしまいがちですが、これでは絶対に毎日笑顔になるお部屋は手に入りませんので…。

まず、自分たちの場所を作り、最後に物のための場所を考える。

この順番も非常に大事なので覚えておいてください。

では話を戻して、【自分たちの場所を部屋の真ん中に置く】というのはどういうことか

詳しく見ていきましょう。まず、こうすることによるメリットがいくつかあります。それが

①自分の場所が空間の中心にできることで部屋が広く感じる
②自分の場所がセンターに、物の場所がサブになるので、自分の価値が上がる
③自分だけでなく、家族のスペースが広く取れるので、家族と繋がれる

など…とにかく、自分たちをＶＩＰ扱いできるようになるので、居心地がよく感じられるということが起きてきます。ここまで聞いたら、家具を真ん中に置きたくなってきませんか？

ところで、冒頭でも申し上げましたが、皆さんソファやダイニングセットを端に置くことで部屋が広くなると思っている方は本当に多いです。でもこれは、むしろ狭くしているだけなんです。

次ページの図を見てください。皆さんがやりがちなのは、この家具の配置だと思います。

でもこのとき空いた空間って、何のスペースかわかりますか？　実は、単なるホールか、廊下に過ぎません。皆さんが広くしたのは、部屋でもなんでもなくて、意味のない空間。

では、ソファやダイニングセットを真ん中に動かしたらどうでしょうか。

【端に置いた場合】

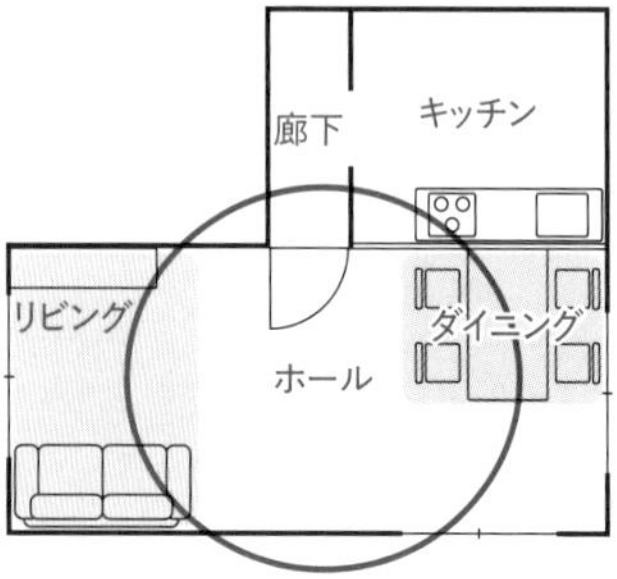

【真ん中に置いた場合】

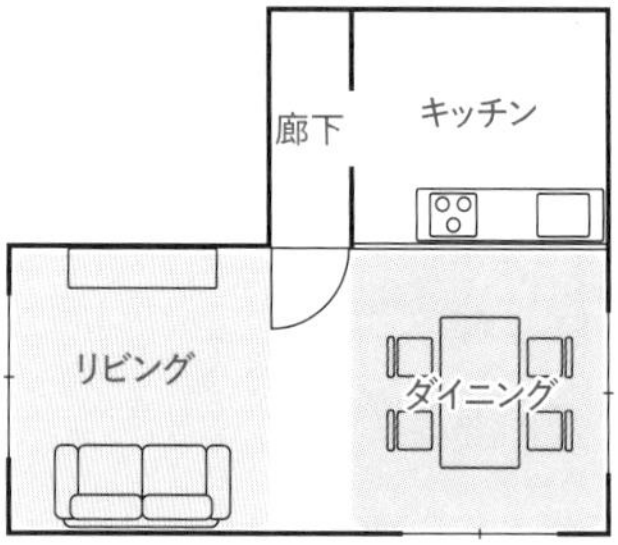

こんなふうに部屋が広く感じるわけなんです。これは自分たちの場所が中心になったゆ

えに、そう感じることができたわけです。不思議ですよね！ 実際にこの色付けした場所に収納を置いてもその感じ方は変わりません。そう、つまり使い勝手は変わらずにお部屋を広く感じることができるんです。

ソファもダイニングセットの大きさも何も変えていないのに、家具の配置だけで部屋が広く感じることができるというこのウルトラマジック！ 今すぐ家具を動かしたくなった方はぜひ動かしてみてくださいね。

後もうひとつ、ソファを部屋の真ん中に置くことによるマジックがあります。それがこちら。

次ページの写真の場合、皆さんだったらどんなふうに家具を配置しますか。リビングにしては広めの空間ですが、恐らくソファとテレビ台を部屋の端と端で置く方が多いのではないかと思います。しかしこれは絶対にお勧めしません！

これだとお子さんがいらっしゃるご家庭ですと、大変なことが起きます。実際にこのお家にも、まだ小学生に上がる前の男の子がいらしたのですが、この置き方にしたらどんな災難が待ち受けると思いますか？　そう…ソファの前は常におもちゃが散乱…。

これでは、正直毎日イライついて、「片付けて！」と言ってしまいますよね…。もうイライラマックスで、素敵なお家とは程遠い生活が想像できます。なので、こんなときも、ポイントは「住み手のための家具を真ん中に置く」なんです。実際に家族の場所となるソフ

【やりがちな配置】

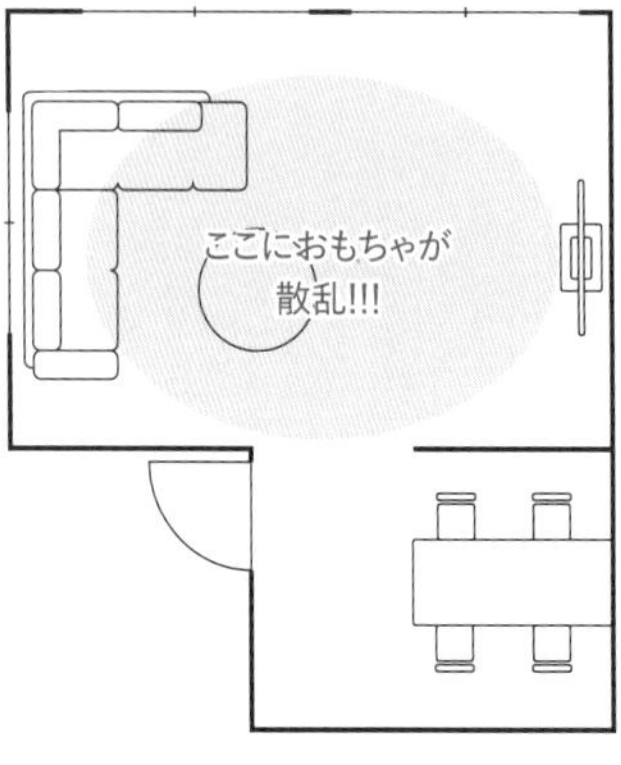
毎日おもちゃの散らかりを
目にしてイライラが倍増!!!

アを部屋の真ん中に置いてみました。

するとどうなるかというと…、ソファの後ろは…なんとお子さんの遊ぶスペースにすることができます。しかもソファの背で後ろが見えないから、どんなにその後ろがぐちゃぐちゃになろうが、列車の線路が広がろうが、全く見えません！

【ソファを部屋の真ん中に】

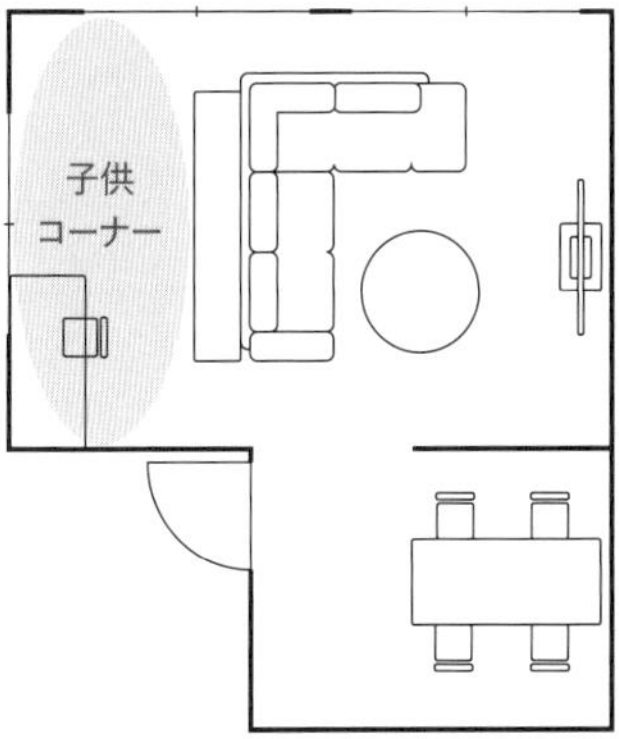

子育て中のママからしたら奇跡のような話だと思いませんか。

しかも…ソファ側は影響なし！　つまりどんな状況でも親はイライラせずにいられ、子供は親の気配を感じながらも、のびのびと遊ぶことができます。最高にＷＩＮ－ＷＩＮな関係が、ソファの置き場所ひとつで作れるなんて…凄いと思いませんか。

裏は子供の自由な空間。

今現在の部屋。くつろぐ・遊ぶ・学ぶが全てある空間。

しかもこちらのお子さんはもうすぐ小学生に上がるということで、先日家具の配置をもう一段階見直し、ここにデスクスペースを設け、勉強できる環境まで作りました。

ソファを真ん中に置くことで間仕切りになり、結果、空間の使い方を何通りにも増やすことができました。これぞインテリアマジック（笑）。

ソファを真ん中に置くだけでここまでいろいろなことができます。部屋を狭くするどころか、使い道が増えれば、広さは倍増です。

これは移動だけでできるので、ピンと来た方は今すぐ動かしてみてください。

兼用しない

「家具を兼用して部屋を広く見せよう！」ある整理収納アドバイザーさんが言っていらした言葉ですが、これには一理ありますが、これが原因でお部屋がとんでもないことになっている方が多いのをご存じでしょうか。

一般的に多いのが、冒頭でも申し上げたようなダイニングテーブルとデスクの兼用、ダイニングとリビングの兼用はよく見かけますね。後はソファベッドでソファとベッドの兼用もあったりと…狭い日本ゆえに、少しでも空間を有効に使おうと、兼用を考える方は多いと思いますが、**基本的に兼用はお勧めしません。**

特にお子さんがいるご家庭など、複数人で住んでいる方こそ、兼用はやめたほうがいいです。その理由はずばり、

①素敵なシーンが作れなくなる
②物の管理ができなくなり、散らかる
③気持ちの切り替えができなくなる

この3つになります。まず、兼用しているということは、常にそこがフル回転して物が溢《あふ》れている状態になります。そうすると、いつも生活感が溢れた状態が続くということにもなります。もちろんぐちゃぐちゃでも素敵にする方法もありますが、それはそこの場所に必要な物だからこそ感じられるものです。

やはり、種類の違うもの。例えばダイニングなのに、ノートにパソコンに、鉛筆に消しゴムのカス…のシーンでは素敵になりませんし、リビングでソファがベッドになっているのも同じです。兼用はこういったことを招く原因にもなるので、あまりお勧めしません。

でもそれ以上に**お勧めしない最大の理由は、物の管理ですね。**

場所を兼用すると、その場所にいろいろな物が集まってきます。特に毎日だと、この連続で混沌《こんとん》としてしまうパターンはこれまで数多く見てきました。え…、何でこれがこの場所に（笑）？　的なことは非常に多いです。一度こうなると、もう頭の中もこの状況が当たり前になるので、混沌とし始め、片付けすらできなくなってきます。そうすると…また物に支配された生活が始まってしまいます。

しかも家具を兼用したことで空いたスペースには何が置かれるかといえば…、皆さんおわかりですよね。

そう、**そこに集まってきた物たちを入れる、物のための収納が置かれることになります。**

この悪循環…。本来物を減らしてスッキリしようと始めた家具の兼用が、自分の場所はどんどん小さくなり、結果的に物に支配された暮らしになる。本末転倒な展開…、聞いているだけで頭が痛くなる…と思われる方も非常に多いのではないでしょうか。

そして最後が、気持ちの切り替えですね。

これも大事です。よく家だと仕事がはかどらないので、スタバやカフェに行くなんてお話もよくお聞きしますが、これはつまり家の中でその切り替えができていないから起きているわけです。

家にいれば集中して学びたいときもあれば、ゆっくりくつろぎたいときもあるし、楽しい会話とともに美味しい食事を楽しみたい時間もあります。そしてとにかく快適に眠れる時間も。どれも大事です。

でもこれが、家具を兼用すると、全てをきちんと確保することが難しくなります。**切り分けることで、気持ちの切り替えもでき、家の中で気分転換ができるようになる**わけです。

家具を専用に使うって、こんなにメリットが高いということをおわかりいただけたでしょうか。とはいえ、そろそろこんな言葉が飛んでくるかと思います。「そんなこと言っても我が家は狭いので、それぞれ専用なんて無理です！」これもよく伺います。

でもね…、できるんですよ！ まず初めに言っておきたいことが、それぞれのスペースはそこまで大きくなくてもいいということです。小スペースでも作ることが大事ということを覚えておいてくださいね。

ちなみにその上で最も参考になるのが、皆さんも行ったことあると思います。ＩＫＥＡ

（イケア）です。イケアの展示って、そのあたりが本当に素晴らしいです。よく、ブースごとの展示で、○○畳のＬＤとかそんなふうに表記されてあるのを見たことはありませんか。その中にこれらの空間がきちんと切り分けて配置されています。

スペースによっては、それが省スペースのときもありますが…、とにかく皆さんの凝り固まってしまった頭を柔軟にする上でも、非常に参考になると思うので、ぜひイケアに行ったときはそんな目線でディスプレイをご覧になってくださいね。

いかがでしたでしょうか。家具の兼用は一見よさそうで、意外な落とし穴があることをおわかりいただけましたか。そして専用で使うメリットがわかったら、ぜひ家具を少しずつ移動してそのスペースを作ってみてください。**特にお勧めなのはＬＤへのデスクスペースの導入です。**

こうすることで、ダイニングテーブルでの勉強は避けられますからね。今は奥行きが狭いものもたくさんありますし、最低でもスタバのカウンター程度の35センチもあればＡ４ノートもパソコンも置けます。後は既存のカラーボックスを両端に置いて、ホームセンターで天板さえ用意すれば、希望の長さのデスクがコスパよく出来上がります。

ご興味のある方はぜひ試してみてくださいね。

我が家には狭いから無理！

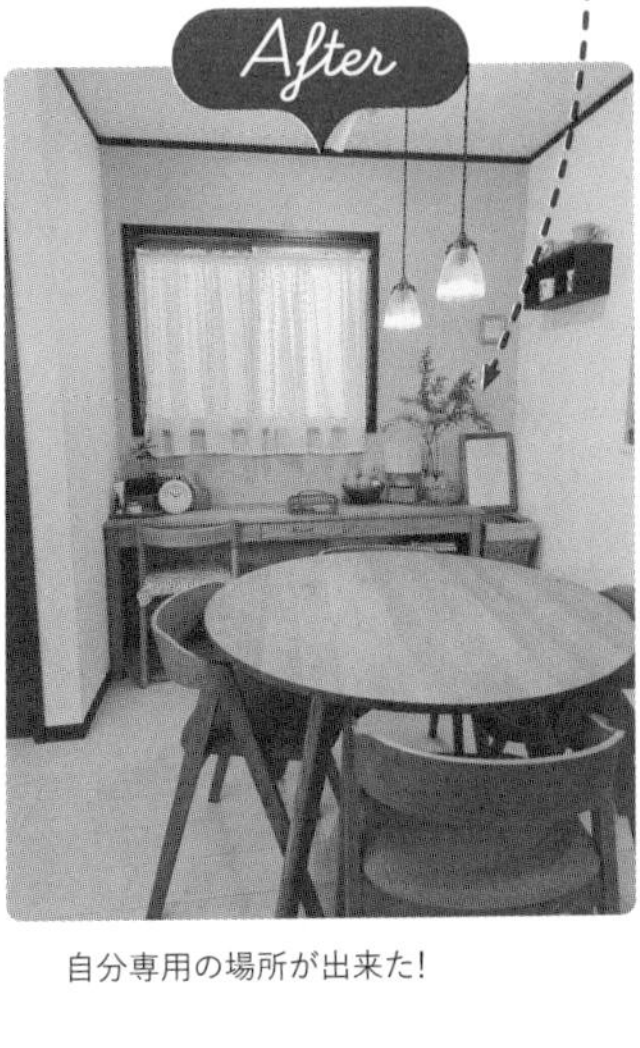

自分専用の場所が出来た！

小物の配置

ここまでで大きな家具の配置について、お話しさせていただきました。

①フォーカルポイントに住み手のための家具を置き、死角に物のための家具を置く
②住み手のための家具は部屋の真ん中に
③家具は兼用せずに専用で

これであなたのお家にとって一番の家具の配置と使い方が見えてくると思います。正直、これだけでもお部屋はガラッと変わり、何よりとにかく居心地よくなります。

自分の場所がＶＩＰ席で、広く大きく一番いい場所に取れ、毎日ドアを開ける瞬間その光景を目にできるわけですし、使い勝手も今まで通り変わらなくて、多少ごちゃついていても素敵に見えるわけですから！

最高ですよね。でもこの暮らしをもっとレベルアップさせる方法があります。それをここからまたお伝えしていきますね。

これまでが家具の配置だったのに対し、次は小物の配置です。

全て私たちが作り出した物は、物そのものに価値があるのではなく、暮らしを引き立ててこそ、初めてその価値が生まれます。この考え方は非常に大事で、物が自分を引き立てるために存在すれば、不要な物への執着も消えますし、死蔵品だって家にたまり込むことはありません。結果として物置きの家にならないわけです。

そういう意味でも、小物の配置は非常に大事なんですよ!

まずはこの章でお話しした自分たちの場所であるフォーカルポイントに、必要ない物が置かれていないか。ここをチェックしてみてください。

フォーカルポイントの背景になる壁は、重要です。

素敵な絵やアート、観葉植物にアクセントウォールなど、自分たちの場所をより素敵に

背景に物があることでせっかくの住み手の場所もごちゃついて感じる。

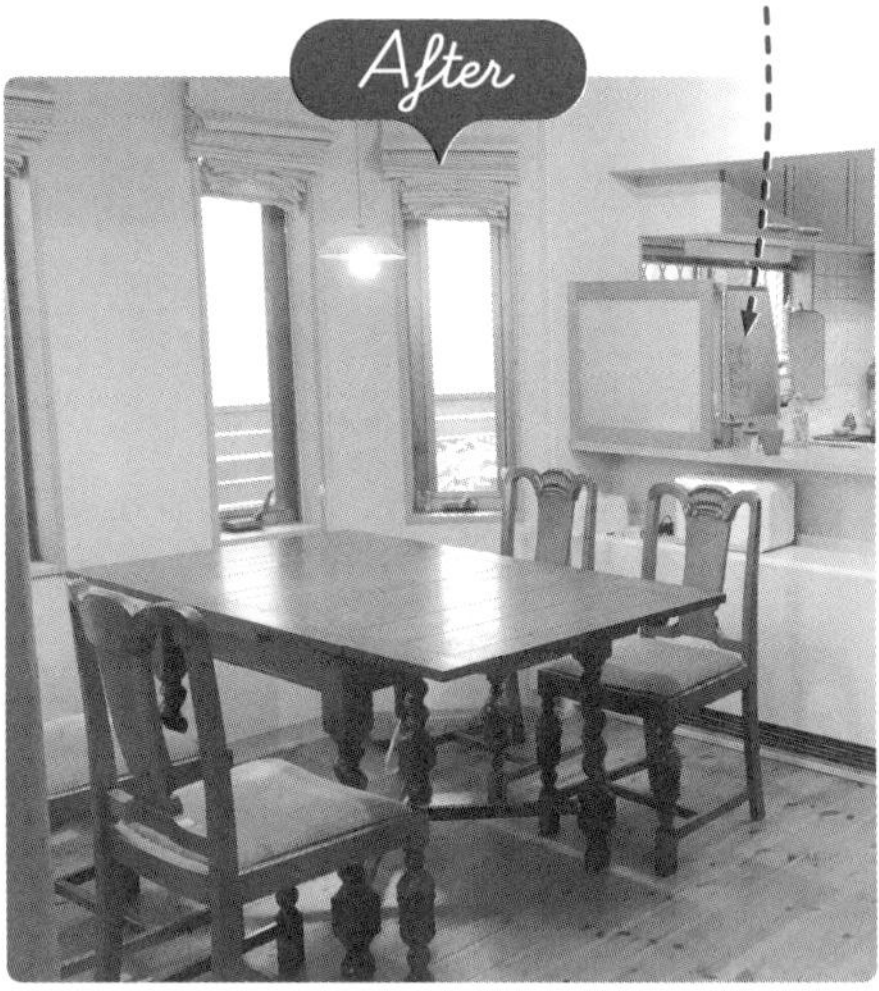

背景を引き算したことで住み手の場所が引き立つ。

見せる物が置かれていればOKですが、ごちゃごちゃした状態であれば、ここを【引き算】していくことがとにかく重要です。

外せるものであれば、外す。移動できるものであれば、死角に移動する。

移動ができなければ、隠す。このときの隠し方もいろいろとありますが、柄物の布とかは上級者レベルなのでお勧めしません。それは隠していることを主張することになるからです。隠すのであれば壁と同化する色の物がお勧めです。

こうやって引き算することで、自分たちの場所という、魅力的なフォーカルポイントをより引き立たせることができます。

後はたとえ、お気に入りの物だとしても、その空間に合わないものは外した方がいいと思います。例えば、リビングにあるお子さんの絵。飾りたい気持ちは物凄くわかりますが…、リビングという空間とお子さんの絵のテイストが違うので、けんかしてしまう可能性が高いです。

むしろお子さんの絵は、子供部屋だと、お持ちのアイテムとテーマも同じなので引き立て合い素敵に見えます（巻頭写真(7)を参照）。

もしリビングで飾るときは、逆に死角に飾る方が綺麗にまとまります。廊下や階段なんかもお勧めです。我が家でも子供が描いた絵で、色が合うものはリビングに置き、他は子供部屋に続く廊下に飾っています。廊下だとまるで画廊のようになりますよ。

と話は少しそれましたが、全ての物にはそれが発している情報というのがあります。例えば、子供の絵で言えば、かわいらしさ・色・テーマ（動物・乗り物）など…各部屋・場所に合うものを選び、それ以外を引き算するということは、大事なので覚えておいてくださいね。

ちなみに、引き算というと、何かを引くことになるので、つい処分する・お別れするという意味でとらえられることが多いと思いますが、ここで外したものを処分するということではありません。むしろ一度引き算したものも飾り方や場所を見直すと、素敵になります。

廊下や階段は、直接的に情報が目に入らないので、飾りやすい。ラインをそろえれば綺麗にまとまります。

「大好きな物を飾っているのに、どうもお部屋が素敵にならない！」

「店で素敵！ と思って奮発したのに、家で飾ったらなんかしっくりこない！」

「家に帰ってきた途端ダイアモンドが石ころに変わったのではないか？」

そんな出来事に驚いたことは誰しもあると思います。でもそれは、飾り方に問題があっただけなのです。

つまり飾り方を見直せば見違えるぐらいに、その物たちが輝きを取り戻すので楽しみにしていてくださいね。

【小物の配置】には6つのポイントがあります。

①テーマを決める
②リピートする
③三角形の法則
④余白を意識する
⑤ラインを意識する
⑥背景を整える

①テーマを決める

テーマというのは、ディスプレイで表現する、ストーリーや世界観のことになります。

そして、テーマを表現する上で大事になるのが、飾るものが発する情報に気付くことです。それはどんな素材できている？　何色？　何の形？　情報とはそういうことです。これがわかると、今家にある物でもディスプレイを楽しむことができます。

まずテーマを決め、それを連想させるものを集めます。例えば「クリスマス」をテーマにすれば、すでにお持ちの赤や緑の小物に、ポストカードや絵本だってディスプレイに変わります。特に情報の中でも、色は初心者でも簡単で取り入れやすいのでお勧めです（巻頭写真(8)を参照)。

②リピートする

これはわざわざディスプレイのために、同じ物を複数買う方はいないと思うのですが、案外お持ちの物があると思います。それがキッチン用品ですね。

調味料やティーパックの箱など、同じデザインの物が3つ以上ある場合には、3や5など奇数で飾るととても素敵に見えます。これはショップなどのディスプレイを意識してみるとわかると思いますが、大抵の場合3つ以上で飾られているので、そこを真似《まね》てみてくださいね。

飾り場所としては、キッチン用品なら、キッチンカウンターの袖壁とか、キッチンに近い場所だとテーマも合うので素敵に見えます。これもひとつだけ飾るよりも同じ空間に3つ以上リピートする方が素敵です。

かぼちゃが5個。同じものを並べるだけでこんなにかわいくなる。

同じデザインの調味料を3つ飾る。それだけで素敵に見えます。

③三角形の法則

これはディスプレイの基本でもありますね。飾るときに、全体の構成で三角形を意識していくということになります。

正三角形でも、二等辺三角形でも、バランスがちょっと崩れていてもいいので、全体を三角形に仕上げていくと素敵にまとまります。一番簡単なのは、サイズの違うものを３つ使うこと。こうすると自然と三角形が出来上がります。

テーマやリピートなど、インテリアショップのディスプレイにはヒントがいっぱい。

クリスマスをテーマにすれば、ポストカードや絵本もディスプレイになる。

④余白を意識する

ここを無視してしまう人が非常に多いです。特に飾りたいものがたくさんある人やインテリア好きな人が陥りやすい罠でもあります。

全ての物は余白があることで初めて、素敵に見えます。これは美術館を想像してもらうとわかりやすいと思います。美術館では、ひとつの絵に対して、一定の間隔をあけて余白を作って展示していますよね。これがあるから素敵に見えるわけです。そして余白を設けて、②でお話ししたリピートを使っています。この2つを掛け合わせると、ディスプレイ

ガイドラインで三角形をイメージする。

三角形の形は、二等辺三角形でも
不等辺三角形でもOK。

はグッと素敵になります（次ページの上部の写真を参照）。

⑤ラインを意識する

ここも無視している人をよくお見掛けします。実は家の中には、見えないラインが存在するのをご存じですか。それが建具のライン、窓のラインなど…建物自体にもともと存在しているラインがあります。

そしてその中でもゴールデンゾーンというのがあって、**ディスプレイは基本的にその建具や窓のラインの内側になり、壁掛けのアートで言えば目線の高さ（150センチぐらい）になってきます。**ここのラインを意識して飾ることも大事なポイントです。時々絵などを、梁《はり》の上に飾られる方もいらっしゃいますが、ちょっと上すぎます。

ラインに外れて飾ると、素敵に見えるどころか、むしろごちゃごちゃ見せる原因にもなりかねないので、ここもぜひ意識してみてください。

⑥背景を整える

先ほどの家具の配置のときにもお話ししましたが、引き立たせたいものがあるときには**その背景が大事になります。**玄関やトイレなどは、フォーカルポイントに住み手のための家具がないので、見せ場を仕掛けて作ることができるのですが、そのときも背景がポイン

目線の高さにそろえる。サイズの違う額もラインを揃えると素敵に見える。

梁上だとステキに見えないだけでなく、ごちゃつきの原因に。

トになります。

例えば、トイレットペーパーが露出している場所に、ディスプレイをしても残念ながら、素敵には見えません。このときもフォーカルポイントにしたい背景は整えて、トイレットペーパーや掃除道具は死角に置くなどの工夫をすると、見え方は変わってきます。

さて、ここまで6つの小物の配置のポイントについてお話ししてきました。好きな物を飾っているのに、どうも素敵にならない…となると、自分にはセンスがない…と思いがちですが、そんなことありません。**あなたが飾ったものが、もし素敵に見えない場合には、必ずこれらを意識すれば改善します。**

そして、忘れないでほしいのが、**ディスプレイにおいて大事なポイントは、既に皆さんが買ったお店で表現されている**ということです。展示が素敵だったから、その商品も素敵に見えて、つい手に取ったという流れ…ここも忘れないでくださいね。

これからもしあなたが惹かれたものがあったら、その周りがどうなっているか、チェックしてみてください。

私は洋服を買うときも、ランチをするときも、そんなことばかりチェックしています。するとと大抵みんなこの法則を使っています。これがわかると本当に面白いですよ。全てを分解して見ることができるようになりますし、何よりあなたが欲しいセンスだっていつの間にか、磨かれていきます。

あとそうそう…これも大事だから伝えておかないと…、今回ディスプレイについてお話ししましたが、この6つの法則は小物の配置だけではなくて、家具の配置でもポイントになってきます。ここができると、ますます自分たちの場所が素敵に見えるという、相乗効果も狙えます。

例えば、ダイニングセットにペンダントライトですね。これってとっても素敵なシーンに見えますね。その理由は、実はペンダントライトを頂点に、三角形の法則に当てはまっているからです。

他にも…ラインをそろえるも、ソファの背とダイニングの高さやデスクの高さなど…高さのラインをそろえるとスッキリかつオシャレに見えます。

ペンダントライトは空間に三角の法則を作ることができる、有能アイテム。

背景については、住み手のための家具の後ろは引き算することはお伝えしましたよね。ね、凄いでしょ！ 全部繋がっています。面白いですよね〜。上級者の方はぜひ空間ディスプレイも意識してみると、ますます素敵になってくると思いますよ。

ソファの背と、ダイニングテーブルの高さ、つまりラインをそろえることで、スッキリな印象に。

鏡を使う

さてさて、家具の配置も決まり、小物の配置の仕方も見えたら、それだけで十分ですが…、さらに素敵にすることができちゃうアイテムがあります。

それがズバリ、鏡です。

鏡って、皆さん既にお家にお持ちでしょうか。姿見1枚ぐらいはありますでしょうか。

ちなみに我が家には、11枚あります！　驚きますよね（笑）。「そんなに自分が好きなの？」なんて思われそうですが、自分を見たくてそうしているわけではありません。

鏡というと、皆さん一番の目的は自分の顔や姿を映すものだと思っている方が多いと思います。しかし他にも使い方があるんです。それが

①部屋を明るくする

②部屋を広く見せる
③ときめきを倍増させる

こんな効果があるんですよ！ すごいと思いませんか。

ちなみに、鏡って安いものですと、数千円から買うことができます。

お手頃で、皆さんが求めるものを叶える、まさに魔法の道具です。

ではどう使うのか。ここが気になりますよね。まず、鏡を置く場所ベスト3を紹介します。

鏡が光を反射し広く明るい階段に。

鏡があることで座ったときに奥行きが出せる。

・1位　窓の反対側
・2位　デスク前
・3位　玄関左右

意外な答えに驚きませんか。それがこのメソッドの面白さでもあることにもお気づきいただけるとうれしいです。では1位から見ていきましょう。

まず、窓の反対側に置くとどんないいことがあるかというと…**窓が鏡に映り込むので、部屋が明るく広く見えます。**

我が家もまさに窓の反対側に鏡を置いていますが、窓の奥の景色まで映り込むので、お部屋の奥行が2倍以上になり、とても広い印象を受けています。なので、大掃除するときとかに、この鏡をとると…狭すぎてびっくり。自分で仕掛けた罠にまんまと引っかかっています（笑）。

部屋が明るく・広くなる。

お部屋を明るくしたい・広く見せたいとお悩みの方は多いですが、鏡の効果は非常に高いのでお勧めです。

ちなみに**鏡は大きければ大きいほどいいです。**

よく、そんな大きなものを置いたら圧迫感がありませんか？　と質問されますが、その真逆。むしろ大きいほど映り込む景色が大きくなるので、明るさと広さが増します。

お勧めのサイズは、横80×縦60センチ以上（目安として）。

縦置きもありですが、置く場所の壁が大抵の場合、横長のことが多いので、全体のバランスを見ると横をお勧めいたします。

また鏡といえば、地震などで割れることを心配されるかもしれません。我が家は動かないように固定したり、逃げ道になる場所に置かないことで対策をしています。固定の仕方もネットでいろいろと出ているので、ぜひ検索してみてください。

他にも今では高性能な割れないフィルムミラーも多く見かけるようになったので、それ

割れないリフェクスミラー。映りはほぼ変わらない。

を使うのもひとつだと思います。普通のミラーより若干割高ですが、2万～3万円ほどで購入可能です。
後はフィルムミラーだと映り込む姿の歪《ゆが》みを心配する方もいらっしゃいますが、最近はガラスの鏡同様綺麗に映るものがほとんどで、使用感や映りはほぼ劣りません。あとは飛散防止フィルムがついているものもありますね。選択肢はいくつかあるので、ご自身の暮らしに合った鏡をぜひ取り入れてみてください。

2位がデスク前です。

まず皆さん、落ち着かないのでは（笑）？ と思われたかと思います。でも実はその反対です。確かに最初は、自分が映ることに違和感を抱くかもしれませんが、慣れてくると、どん詰まりの壁に向かっている訳ではないので、奥行き感も出て集中しやすくなります。
窓辺で仕事している気分にも似ていますね。あとは、集中力が落ちたときとかにふと自分の顔を見ると、自分を客観的に見られるので、よりやる気になります。

仕事部屋やお子さんのお部屋の前とかにもお勧めですよ。ドレッサーとして使うこともできますしね。我が家のデスク前の鏡は、窓の反対側に置いているので、視野が広がった中で仕事ができ、かつメイク時にも使えていて、大活躍しています。

そして3位が、玄関左右になります。

私の仕事スペース。鏡がないと、どんづまりな感じ。

鏡を置いただけでこんなに違う。

我が家の玄関。

これは鏡に映った景色。

これは風水的にもいいと言われていますよね。
右は仕事運・健康運、左は金運・恋愛運をアップすると言われていますが、実際にここに鏡があると、玄関が広く明るく感じられるので、家の印象が格段にアップします。
やはり玄関は家の顔にもなる部分なので、ここは物凄く大事。お出かけ前の身だしなみチェックにもなるので、まさに一石二鳥です。

鏡の効果は、地下のレストランが参考になります。地下って無窓ですよね。つまり圧迫感が溢れています。そのため多くのお店がそれを感じさせないように、鏡を使って窓代わりにしています。これ、わかると面白いですよ。特にカフェ系は鏡で窓を演出しているところが多いです。

それと最近もうひとつ、面白い情報を得ることができました。お客様がイギリスに行かれたのですが、イギリスも田舎町は家が大きいけれども、ロンドンはそこまで広いわけではないそうで…窓の反対側の壁に鏡を使っていたそうなんです。

つまり2面窓があれば、その反対2面が鏡になっていて、それもあり4面窓があるように見えるとか。イギリスでは新築を立てるよりも、今ある家をリフォームしながら住むことも多いので、家を工夫して住むというのが根付いているようです。

日本のお家も限られたスペースのお家が多いです。でもそんなときはソファやダイニングセットを端に置くのではなく、鏡を導入する！　これが何より効果的です。

鏡といえば、もうひとつ効果的でお勧めの使い方があります。

それは背景を素敵にする方法です。我が家は洗面台の鏡側ではなく、鏡に映る壁をオシャレにしています。こうすることで、毎日自分が何十倍か素敵に見える仕掛けを作っています。

鏡に映る自分にうっとりできると毎日気づけば、口角が上がっています。

こんなふうに鏡はとにかくコスパ以上の仕事をしてくれるので、姿見だけに使うなんてもったいない！　猛烈にお勧めしたいアイテムです。

ちなみに鏡に映すものは倍増させたいものに限ります。間違ってもごちゃごちゃしたもの見たくないものを映さないように。逆効果になるので、そこは注意してくださいね。

鏡に映る壁を自分がありたいイメージで表現すると、気持ちも変わり、結果自分のオーラも変わる。

鏡にクリスマスツリーが映り込み、ときめき倍増。鏡は何を映すかが大事。

色やデザインを繋ぐ

さて、ここまで来たら、自分たちの場所も決まり、小物の場所も決まり、部屋も明るく広くなって…、見違えてきましたね。

これらに後、ちょっと整えるためにすること。例えていうなら、お料理の最後にぱらっとハーブを添える。そんなオシャレな仕事をする方法をお伝えします。

それが色やデザインを繋ぐ。これです。ここまで取り入れてきた家具や物を最後に空間として繋いでいきます。

具体的に言うと、ソファに置かれたクッションと、壁に飾られた絵、花瓶に飾られたお花に、ラグの一色など…色を空間の上下左右で繋いでいく。

このひと手間を加えると…空間はとんでもなく素敵になります（巻頭写真⑼⑽を参照）。

レストランのお食事も、最後のいろどりで決まりますよね。それぐらいガラッと変えるのがこのポイント。

色以外にも、デザインを繋ぐ方法もあります。例えばラグのデザインとクッションのデザインとアートのデザインなど。上下左右空間全体で繋ぐと…凄いことになります。

これは先ほどの小物のディスプレイが部分的な装飾だとすると、こちらは空間全体のディスプレイになるので、インテリアテクニックとしてはちょっと上級です。ここまで全て整ったからこそできる醍醐味ですし、一度できるとずっと楽しめます。

ドアと土間とラグと照明で正方形のデザインで繋ぐ。

収納は最後

さて…もう伝えきりました！　私の全て！　と言いたいところですが…、やはり収納（笑）。この部分も忘れてはいけませんね。これまで皆さんは、物と向き合い続けてきて、お別れして片付けてというのを最初に取り組んできたと思いますが…、実はこれは、最後でいいんです。ここまでやった後でいいんです。って、これまでの常識外でびっくりしますよね。

でも自分たちのＶＩＰ空間を作り切って、もうここまで自分ファーストを堪能できるようになったからこそ、見える世界があります。

これまでどんなに頑張っても、お別れできない…、そう感じていた物たちへの感じ方が明らかに変わっているはずです。そう、**確実に、物と自分の価値が逆転したわけです。**

そうなると、自分が物より上。物への執着心もなくなっていきます。

これまでにも、自分にとって居心地がいい空間が見えた途端、未来に本当に必要な物が見えたので、それ以外を簡単に手放せるようになった方は非常に多いです。

そう、つまり**買わない・捨てないで笑顔になるお部屋の最終章は、本当は要らない物とのお別れの時間にもなります。**

恐らくこの手順で進めていくと、入りきらない収納が出てきた方は多いと思います。でも改めて考えてみてください。この収納。そしてそこに入っている物たち。本当にあなたが主役になる空間に必要ですか。もし既存収納に入るなら、それをそのまま入れてしまうのもありですし、それができないのであれば、全体的に見直すチャンスです。

ちなみに私は、基本既存収納のみで置き型収納はほとんど持っていません。それはＶＩＰ空間を作ったら、その邪魔になるものは要らないと思ったからです。そんなこともあり、既存収納に収まるものだけを持とう、という逆転の発想になっているので、そこから溢れることはありません。

これは要る？　要らない？　と言われると、捨てることは痛みを伴うので、要るを選択するものです。でもこんなふうに、まず理想の部屋が見え、それを維持するためには？

と思うとジャッジする基準が変わります。

毎日ウキウキする心地よいお部屋にするためにお別れするか。それとももったいないし今のままの心地が悪い部屋をキープするか。この二択で考えたらどうでしょうか。

確実に前者を選びますよね。

そういう意味でも、まず自分たちの場所をＶＩＰにすることから進めていくことが、非常に大事なことをおわかりいただければと思います。

そしてもうひとつ凄いことは、**もうこれ以上自分にとって不要な物が家に集まらなくなるという奇跡。**自分たちにとってＶＩＰ空間ができたら、そこに相応しない物を家に呼び込もうという気すら起きなくなります。

実際に私も先日15年ぶりにソファを買い替えましたが、それ以外は10年以上家具を買い替えていません。むしろ一度取り入れた家具を塗ったり貼り替えたり、壁を塗り替えたり、小物を変えたりしながらその時々の自分に合った暮らしに変え、使い続けています。

まさに自分たちの成長とともに育つ暮らし。家は買ったときが一番ではありません。

住めば住むほど、自分にピッタリになる。そんなふうに成長できるのが家です。

あなたの家もこれからそうなります。ぜひこの手順を踏んで、あなただけの心地よいお家を形にしていってくださいね。

Chapter 5

お部屋の主役は
あなた

このメソッドが産み出された裏側

さて、前章では、具体的に買わない・捨てないで笑顔になるお部屋作りの方法をお伝えしていきました。これまで何度も物とのお別れ・片付けを繰り返してきたにもかかわらず、どうも心地が悪いと感じていた原因は、単にあなたの場所がなかったからということがおわかりいただけたと思います。今ある物を見直せば、あなたが主役の心地よいお部屋は案外簡単に出来上がる！　そしてインテリアは、センスが必要で難しいものという思い込みも消えたのではないかと思います。

この内容は私が23歳でインテリアの専門学校に入り、感じた違和感が元々のスタートです。中でも、一番の違和感は、インテリアがお金のある人やゆとりのある人のためのものに、限定されていた点でした。学ぶ内容もデザイナーズ家具を始め一流を知れるのは楽しかったのですが、なんだか堅苦しくなってしまい、居心地が悪くなったのを覚えています。

当時は窓装飾に100万円といったものも多く、まさに暮らしに余裕のある人がお客様でした。他にも、コーディネーターというと新築時やマンションのモデルハウスでのお手伝いなどもありましたが、「これが本当にやりたいのか?」と思ったときにそう思えない自分がいて、店舗内装に進んだ経緯があります。なぜそう感じたのか。今でもよく思うのですが、私自身が部屋を変えたことで、行動が変わり、行動が変わったことで心が変わり、心が変わったことで未来が変わったというのがインテリアに惹かれた一番の理由で、それは別に100万円のカーテンでなくても、デザイナーズ家具でなくても実現できると思っていたからです。

実際に私は、心奪われたディスプレイの何に惹かれたかを自分で分析し、その空間に溢れていた、「柔らかさ」「温かさ」「透明感」「優しさ」を表現するために、ペンキ片手に既存の家具を塗り替えて、生地屋さんで買ったコットンの布でカーテンを作りましたし、照明だって雑貨屋さんで数千円で購入。5000円程度で、自分の心に一番フィットする空間を作り上げてきました。

でもその当時は、〇〇テイストなど枠を重視した提案や、商品提案後にバックマージンが入る構造、利益を生み出すためには、高いものを提案しなければいけない仕組みになっており、顧客の本来の思いを見逃しがちなシステムだと思っていました。

カチカチなインテリアテイストよりも、自分になじむインテリアに魅力を感じ、かつバックマージンが入らなくても、本当にお客様に合ったものや、既存の商品の使い方を提案したくなる、バカ正直者の私には無理だ…(笑)と思ったのは今でも忘れません。

そう、私が興味を持っていたのは、オシャレなインテリア空間を作ることではなく、インテリアを通じて、そこにいる人の心と未来を変えていくこと! これだったんです。

あの2年間は、昼間に仕事しながら夜間の学び、結構な時間とお金を費やしましたし、まさかの自分に合わない…という結果に、かなり凹みましたが…(笑)、まさにそこに気づけたことが一番の財産だったのかもしれません。

そんなこともあり、学校卒業後は、人間心理と密接にかかわる、商業インテリアの方に進んだのは、間違いではありませんでした。

売れるための商業施設づくり。コストパフォーマンスよく魅せる空間を作る。お客様は変わっても、ゴールは基本的に同じでした。

結婚式場では、内見に来る花嫁さんの動線を考え、インテリア空間を演出。視線に入る空間に本物や高価なものを使い、死角はコストを下げる。

具体的には、一番目に入るシャンデリアはスワロフスキーを使い、それ以外は安価なクリスタルを使う。こうすることで、全てスワロフスキーに見えてしまうという錯覚。

これはまさに、前章でお話ししたフォーカルポイントと死角をフル活用していました。

こうすることで、全体コストを大幅に削減しながらも、花嫁さんが笑顔になる空間を作り上げ、受注率の高い結婚式場を作ってきました。

他にもホテルもそうです。

ホテルの客室といえば、数も多いこともあり、一部屋にそんなにお金をかけることができません。その当時は中国で作成することが多かったです。そうはいっても、ホテルといえば、非日常空間。それこそ自分自身が主役になる場所です。ベッドだって部屋のセンターで、ソファだってゆったり大きめで空間の真ん中に置かれているわけです。ホテル側のホスピタリティももちろん大事ですが、空間自体でおもてなしをする。これがあって、私たちは心地よさを感じているのもあります。そんなこともあり、どのホテルでも、必然と家具の配置の基本は決まっていました。

こんなふうにして**商業施設に関わる中で、空間の見せ方による心の感じ方・受け取り方を身に着けたのは、今回のメソッドにかなり反映されていると思います。**

そして次女出産後の、今から8年前に起業。

まずは自分の家をリノベーションした経験を活かし、久しぶりに住宅の方に戻ってきました。私がインテリアを始めたときと、世の中もだいぶ変わりました。イケアやニトリなども全国にできましたし、何より自分で情報を探せる時代になり、オンラインで買えるなど、購入のハードルもぐっと下がりました。ＤＩＹできるペイントや貼ってはがせるクロスなど…、とにかくいろいろなものが簡単に手に入る時代になりました。これこそ私が求めていた時代！

実際に起業してからは、どこの家具屋さんとも繋がらず、本当にお客様にとって良い方法をご提案し続けてきました。そんなこともあり、ときにそれは、何も買わずに、塗り替えたり貼り替えたり切ったり…だけのこともありました。

その中で私が何より心掛けたことは、お客様が何に悩み本当に求めているのは何なのか。ここでした。そこが見えるまでお部屋作りを始めないというぐらい、徹底的に深掘りしていきました。


そうすると面白いんですね…。もちろんみんな表面的な悩みは違うんですよ。

例えば、「子供が不登校でどうしよう…」とか「ご主人が最近家に帰ってこない」とか「なかなか赤ちゃんを授かれなくて…」とか。でも、その言葉の奥に隠れているものが共通していました。

それがズバリ、自分の気持ちをもっと大切にしたい。これだったんです。でも何だかそれがこんがらがって、もつれて、わからなくなって、今の状態になっていたわけなんです。まさにチェーンが絡まったような状態ですね。どこから手を付けていいのかわからない…、何が悪いのかわからない…、そんなふうになっていただけだったんですね。


そして皆さん、自分を大切にできる家にしていった結果、ママが笑顔になったことで、お子さんが学校に行くようになったとか、ご主人が家に帰ってくるようになったとか、ご懐妊できたとか…そんな奇跡が起きたわけです。これらは全て偶然のようですが、私は必然だと思っています。

女性は我慢するのが美徳な時代が続いてきたこともあり、気付けば無意識に気を遣い、自分の思いに蓋をしていることが多いです。結婚すれば、旦那さん、子供が生まれればお子さん、介護が始まれば親に…気遣いをするのが当たり前。そんなふうに無意識に思っています。でもその良かれと思った行為が原因で、今露呈している問題が起きていることにそろそろ気づかなければなりません。

なぜならその気遣いそのものが、部屋に表れ、結果その部屋が今の自分の状況を作り出している。この悪循環が起きているからです。

このことに、ここまでお読みになったあなたはもうお気づきになっているはずです。

ここでお伝えしたメソッドは、私が時に挫折を感じながらも、20年間インテリアとそして心と向き合いながら見つけた魔法のレシピです。

恐らく今回知識として学べても、まだ半信半疑な部分があると思います。

実際にこれまでのお客様もそうだったので、お気持ちはお察しいたしますが、信じてチャレンジするかしないかはあなた次第です。

でも…正直この本の8割程度が買わない・捨てないでできる内容です。つまりリスクがほとんどありません。まずは家具の移動から始めてみることをお勧めします。そしてそのときの心の変化を感じてみてくださいね。

自分が自分を大切にする空間。これが出来上がると、自然とあなたは笑顔になり、周りにまでその笑顔は伝染します。その結果、今あなたが抱えている問題が解決しているなんて奇跡も起きているかもしれませんよ。

本当の自分に会いに行く方法

これまでインテリアというとセンスが必要なもので、コーディネーターさんに相談して、アドバイスをもらって決めるというのが世間一般の常識だったと思います。

でも…私はあるとき、ここに猛烈な違和感を覚えました。

そのきっかけになったのが実際のお客様の声でした。「以前コーディネーターさんにお願いしたのに、実はあまりピンと来なくて…。でもそれで20年間過ごしています」とか、「そのときは何も知識がなかったし、せっかくお金を払ったから、プロの言うとおりにしたけど、物凄く使いづらかったです」など…、同業者として悲しいお話を伺うことが増えてきました。

そこで思ったこと…、それが「コーディネーターの作品作りになっている！」ということでした。

基本、引き渡しのときは綺麗に収まっているので、クレームとして上がってくることは少ないわけで…、それゆえに改善されないというのもまた問題だと感じました。「どうしてこうなってしまうのだろう…」ここについて徹底的に考えました。

その結果、**お客様自身が自分の本当の声に気づいていないことに、コーディネーター側もまた気づいていない、**という最大の問題点に気づきました。つまり表面化された悩みを元に、提案しているからこそ、お客様が実際住んでからそう感じるのは、当たり前の結果でもあったわけです。

ではお客様の本当の声って、どうやったら導き出せるのか。ここが気になるところですよね。ここはそれこそ、私が20年の中で培ったものでもあるので、最初は自分の感覚でやっていましたが、今ならそれをはっきりと言語化できます。

それが、**思い込みを外すことです。**では具体的にどう外すかというと…

「もし100億円持っていたら、どんな家に住みたいですか」

「もし独身で、20代で大金持ちと結婚して、海外に住むならどんな家に住みたいですか」

という質問をしています(笑)。そう、今の暮らしの大前提を取っ払うためです。

そして、お客様がこう在りたいイメージを、ピンタレストというアプリを使って、今という制限なしに、想像し集めてもらいます。

これ、言葉だけで聞くと簡単にできそうですよね。でもね…、これが優しさのあまりにご家族やご主人、お子さんに気を遣って過ごしてきた奥様にとっては、非常にハードルが高くて…、時には3か月たっても出てこない方もいらっしゃいました。

いや、具体的に出てきているのですが、今のお部屋がちょっと良くなったぐらいのものばかり集めてしまう…。

それぐらい**今の景色がへばりつき、我慢の重い蓋が外れない方は非常に多いです。**

こんな現状を知った今、「普通のヒアリングでは、お客様が本当に求める空間はご提案できないですよ…」というのもまた、同業の方に声を大にしてお伝えしたいことでもあります。

でも、どんなに重い蓋がのっかっている人でも必ず外れる瞬間があります。そしてその瞬間こそ、本当に在りたい自分に出会える瞬間です。

「でもそれって、どうわかるんですか？」そんなふうに思われる方もいらっしゃると思うのですが、それはもちろんお顔に表れるというのもあります。

かつ、実はそこで見えてきたものって、皆さん本来ずっと心の奥底に求めていたものなので、見えたというよりも思い出した、という感覚の方が強いものです。なので、皆さん、「そういえば、私こんなふうになりたかった・したかったことを思い出しました」と声をそろえて、おっしゃるんです。つまり、周りに気を遣うが余りに忘れていた自分の心の声を思い出した。そんな感じです。

後はもうひとつ。既にお話ししましたが、私たちは少なからず、女性なら女性らしさや男性なら男性らしさのように、本能的に自分の性に当てはまる要素を求めます（今はジェンダーレスなので、もちろん全てがそうとは言い切れませんが、自分の求める性のイメージを求める傾向にあります)。つまり、女性は丸みがあったり、明るかったり、華やかだったり、繊細だったり、優しかったり、柔らかいものだったり…そんな女性らしい空間が見えてきたときに、「あ！　見えた！」という感じになれます。

本書では買わない・捨てないで笑顔になるインテリアということで、今すぐにできる即効性の部分をメインにお伝えしていますが、私のお客様には、お部屋作りを始める前にこの過程を必ず踏んでいます。そして最終的にその方が求める自分らしさを演出できるようなアドバイスをさせていただきます。

でもこれも、この後でいろいろな事例をご紹介しますが、大がかりなことをしなくてもそこまでお金をかけなくても、表現できちゃうのが、私のメソッドです。

自分の本当の声に気づくのは物凄く大事ですので、これからお家を建てる方・リノベーションやリフォームをする方は、ぜひ忘れないでほしいポイントです。

「あ！　懐かしい…。私こんなふうにしたかったんだ！」という感覚と、女性なら女性らしさや男性なら男性らしさのように、自分の本能レベルで求める空間が見えてきたらそれでOKですので。

ちなみにふだんお客様が選ぶ画像は、皆さん海外のホテルのようなものを選んだり、絶対家では再現できないものを選んだりします。それこそここまで見えれば、大成功なのですが、「これをどう再現するのか?」というのを時にお客様のご主人に突っ込まれることがあります(笑)。

でもこれを忠実に再現することがゴールではなくて、この空間を通じて何を求めているのかを知ることが目的。そしてそれを部屋という空間で表現するのがゴールなのです。このあたりは事例を見た方がわかりやすいと思うので、これからいくつかご紹介させていただきますね。

時代に左右されない、あなただけのコーディネート

私がこの仕事をしていて、物凄く面白い！　と思うことが、**私のお客様のお部屋って、皆さんバラバラで同じパターンがない**ことです。一般的には教える側がいれば、出来上がる生徒さんのお部屋って先生に似たものになると思いますし、私がコーディネートすればなおさら私がそこに近づけていくものだと思います。でも…本当に様々です。

例えば最近面白かったのが、太陽系インテリア。「え？」と思われますよね。聞いたこともないインテリアテイストです。それもそのはず。今回初めて作った造語であり、その方のお部屋を表すのにぴったりな名前だからです。

具体的にどんなインテリアかというと、実はこちらのお客様のお仕事が銀河のバスガイドさん。地球歴という暦を使って、自分の魂が本当に喜ぶ生き方をガイドしていて、その中でよく出るのが銀河を始めとした太陽系だったんです。

ちなみにこちらの方は独自の片付け術もお持ちで、当初は、家の中には無駄なものがなく、とにかくスッキリでした。ただし家具は置かれているダイニングテーブルだけ使っている状態で、その他の家具はほとんど機能していませんでした。

3階まである戸建てにもかかわらず、使われているのはこのダイニングテーブルの一角と、寝室のみ。ダイニングテーブルで食べて、仕事して、くつろいで…寝室で寝るという感じでした。

そんなこともあり、その空間自体がご自身になっていたんですね。最初は「**私が在りたい空間って本当に見つかるのでしょうか…**」そんなふうにおっしゃっていたのが今でも忘れられません。

そして実際にピンタレストで探し始めても、最初はなかなか見つかりませんでした。「何を求めているんだろう…。自分はどうしたいんだろう…」これまでの我慢の蓋は想像以上に重く…、求める世界が見えてきませんでした。

そんなときは、ちょっと切り口を変えて攻めてみる私。

「好きなお洋服は何ですか」「好きな国はどこですか」

そうすると、リネンを始め、ナチュラルな素材や、他にも…幾何学系の形を選ばれていることに気づいたり、後は突如としてお買いになった古墳クッションン、ここに全てのヒントがあると思った私…(笑)。既存のお持ちの物と、求める世界を繋げていった結果ある新しいスタイルが見えてきました。それが太陽系インテリアだったんです。

もうその方の**内側にあるものと、お部屋にある物と全部を繋げてしまいましょう!**

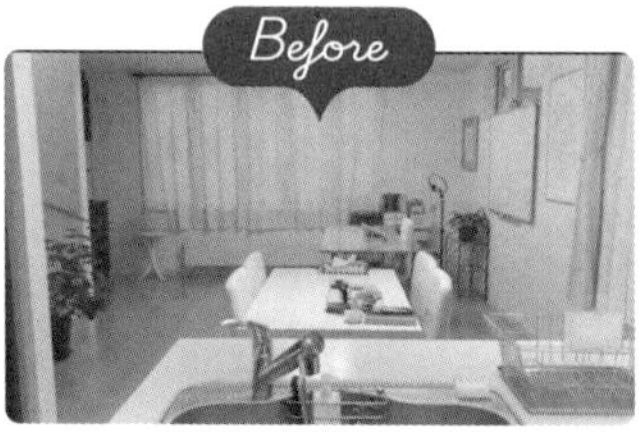

奥に置いたデスクはほとんど使わず、ダイニングテーブルのみがフル稼働。

洋服ダンスの近くに布団。これだと無意識レベルで倒れてくる恐怖を感じ安眠できません。

奈良で売っている
古墳クッション。
初めて見ました(笑)!

そうしたら、「実はこの空間で、リトリートがやりたかったんだ!」など忘れていた思いを思い出されて、そこからイメージがふたりでどんどん膨らんでしまい、家具を大量購入!

基本的に買わない・捨てないでお部屋作りしていますが、このときは未来が見えたので、買っています。もちろん私は強制していませんよ。ソファにダイニングセットに、デスクにベッドに、合計100万円近くも買われたそうです。

でもよく考えてみてください。これまで物を捨て続けてきた人が、物を買うってかなりの勇気ですよね。しかもこれまで、家具には何のエネルギーもないと思っていらしたとのことで…、凄い挑戦です。でも私がお話しするこのメソッドの過程で家具により自分の場所を作る重要さを信じてくださり、自分と来てくださるお客様が笑顔になれる空間を作り込んでいったわけです。具体的には

①ご自身とお客様がゆったりできるソファ（3メートル）
②6人掛けのダイニングテーブル
③彼氏ができたら一緒に眠れるダブルベッド

と…全て特大（笑）。実は、このときは離婚なさって、お子さんもみな巣立っていかれたので、ひとり暮らしだったんです。普通なら、小さめのソファで、ダイニングテーブルだってコンパクトで、ベッドだってシングルで十分だと思いますよね。でも大事なのは今の自分に合わせることではありません。**未来の自分が在りたい家を作り込んでいく。**

ここが非常に重要なんです。お子さんが戻ってきたくなる、集える温かい家。お客様がリトリート空間として自分に向き合えるような心地よい空間。それをテーマにお部屋を作っていきました。アフターがこちら。

まさに太陽系インテリアですよね。ウィリアムモリスの壁紙に、リネンのカーテンという自然あふれるテーマの中に、タヒチの銅像に、古墳クッションに、地上絵のようなラグ、照明も月や太陽を彷彿させる丸形。最後お部屋が変わった後には、それこそ100万円以上の大和絵が加わり、部屋の格が一気にアップ。とにかくご自身の頭の中や心の中と繋がる空間を表現していきました。

パートナーが来たら一緒に眠れるように、ダブルベッドに。

でもこれら、ひとつひとつは皆さんもご存じの身近なインテリアショップで買われた物です。そう、つまり、未来になりたい自分がいる空間が見えれば、それはどんなものでも表現ができるということでもあります。そして何よりも凄いのは、そこから一年間のその方の変化です。

部屋が変わったことで、朝起きたら毎日笑顔になれるのはもちろんのこと、部屋が間接的に伝える印象もガラッと変わったので、その方の魅力がより伝わるようになり、インテリアに出した100万円もすぐに回収。月に8桁の売り上げも達成なさったそうです。

特に面白かったのが、これまで銀河など若干スピリチュアルな内容でもあるので、誤解されることが多かったご様子で（笑）。

しかし、お部屋を整えたことで、その方らしさが伝わり…怪しさがなくなり、むしろありがたい感じが空間とご自身からも溢れ…、本当に心からの優しさと温かさが伝わるようになり、より良いお客様が来るようになったとのことです。

しかもお部屋が変わり、お母さんがニコニコでいることで、実家に集まりやすくなり、家族みんなでたこ焼きパーティーなど、過去には想像できなかった微笑ましいシーンも実現できたり、まさにいいこと尽くしが続いています。

こんなふうに、生きてきたバックグラウンドが違えば、考え方も、在りたい姿も、これまでに大切に持っていた物だって違ったりします。そこを○○テイストといったような枠に当てはめるのではなく、その人が今何を求めているのか。

それを言語化し、空間に反映していくので、完全にオリジナルな空間が出来上がるのがまた、何より面白いです。

それは時に埋もれてしまった過去をオシャレに表現できたり、その人が本来持つ魅力的な一面を表現していく時間にもなります。だから何より自分にしっくりくるのはもちろんのこと、その空間を通じて、より在りたい自分に変化でき、その結果、未来が変わるというのはある意味必然だと私は思っています。

他人と比べない人生

人の話を聞いてモヤモヤする…、そんな経験はありませんか。
○○さんが結婚した。子供を産んだ。昇進した。家を買った。人と自分は違うに決まっている。頭ではわかっていても、気づけば比較してしまう…、そういう思いは誰もが経験したことがあると思います。

私も過去は振り回されて、本当に疲れていましたね…。そして足りない・できない自分を否定し、自己肯定感を下げ続けていました。でもそれが今ではパタッとなくなりました。

それもまたインテリアの効果です。ただこれは単に流行りに合わせて、オシャレな空間にしていたときには、その効果は得られませんでした。自分の心の声を聞き、心の奥底から求めているものを表現した結果、最高の自分を空間に作れているので、そこに毎日いることで、この空間こそ自分と思えるようになり、ブレなくなったわけです。

心を空間で同期化する。これを毎日やっていると、心は完全に変わります。

これは私のお客様も同じです。その方はとても素敵なタワーマンションにお住まいでいらしたのですが、お部屋を拝見させていただくと、家具が物置状態だったんですね。実はこういう方はこれまでにもかなり多くお見掛けしてきました。

タワーマンションでエントランスや廊下もカーペットなどで、物凄く素敵なのですが、部屋に入ってみると、混沌状態。よくみると、デザイナーズの物など、非常にいい家具をお持ちなのに、家具の配置が原因で、その魅力が感じられないパターンはよくあります。

でも皆さん、なぜ奮発して買ったのに、そうなってしまうのか…。そこには気づいていらっしゃいません。実際にこの方も、今では笑いごとのようにおっしゃいますが、お部屋の点検で業者が上がるときですら、部屋中の戸を閉めて、物を押し込んでいたそうです。

そんな方が心から望んだ空間。それがどんな空間かというと…まさにホテルライクな暮らしでした。

先ほどもご紹介した究極の質問をして深掘りした結果、望む未来が見えてきました。その方から出てきた本当に在りたい自分がいる空間、それは品があって落ち着いたホテルのような空間でした。

で、ここが見えた後は早かったですよ！　だってゴールが見えれば、やるべきことが明確になりますからね。

しかもやったことも大したことはありません。貼ってはがせる壁紙を自分で貼り、ベッドリネンを入れ替え、クッションカバーにテーブル照明をプラスしただけ。（相当な不器用さんでしたが…できた！）

たったこれだけで、生活感あふれる寝室がまるでパリのホテル！　とも言えるような、非常に素敵な空間に変わったんです。

ここから勢いは止まりません。ＬＤＫもまさにホテルのような一室になり、ベランダは洗濯物置き場からテラスと言わんばかりの空間に変身。

そして何より一番の変化は心の変化ですね。

これまでお友達がSNSで某有名ホテルのスイートホテルに泊まっているのを見てモヤモヤが止まらなかったのですが、何も気にならなくなったそうです。

その理由はズバリ、家がホテル以上の一番の場所になったから！　すごい変化ですよね。

さらに凄いのが、単身赴任のご主人が帰ってきてからの一言。もちろんお部屋の変化にも驚いていたんですが、奥様の心の変化に気づいていらしたんですね。それは、以前にも

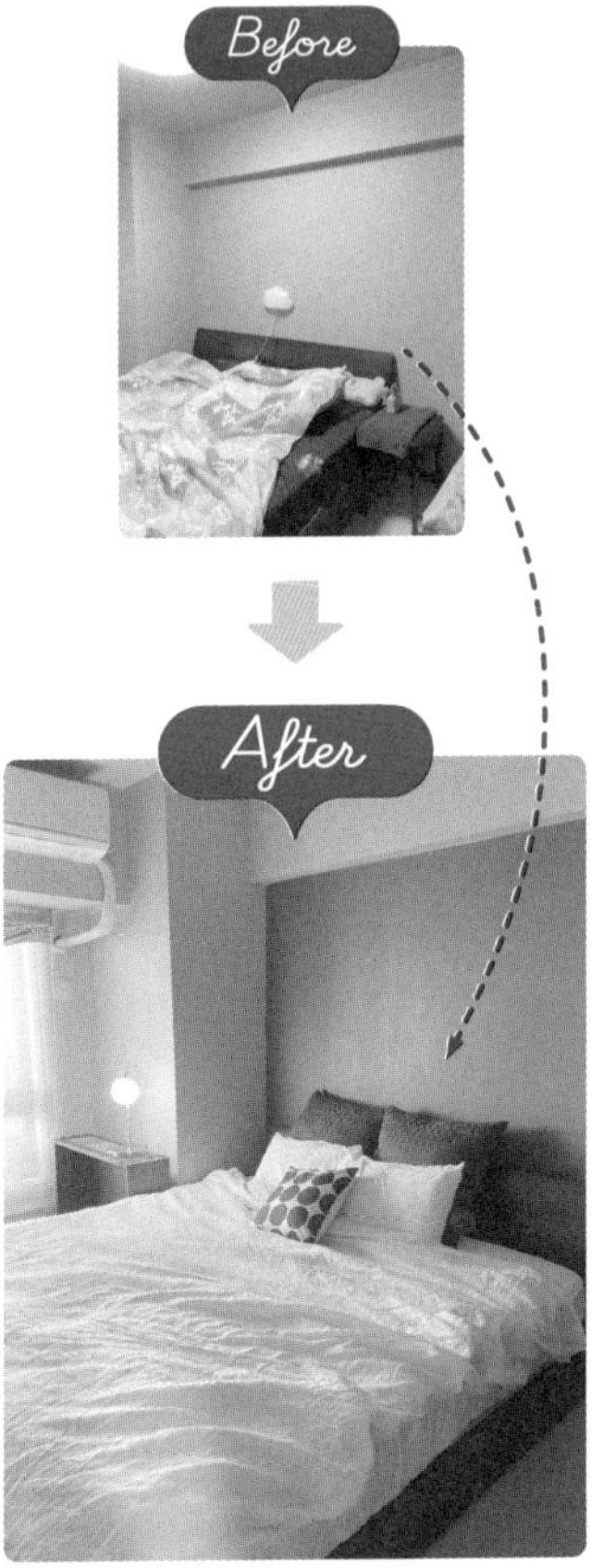

貼ってはがせる壁紙を貼る。
ベッドリネンを替える。クッションカバーにテーブルスタンドを追加。

あった定期点検の日に、これまでならひた隠しにしていたのを、どの部屋も「どうぞ～」という感じで普通にご案内していた奥様に相当ビックリなさっていたそうです。このご主人の反応に奥様もまたビックリ！

そう、完全に空間と心が同期化し続けた結果、気付かないうちに、ここまでの変貌が起きたわけです。そして人と比較しない生き方って本当に生きやすいし、何よりその人がとても魅力的に見えます。

心の奥底から望む空間に身を置くことでの効果は、半端ないです。特に人と比較して、自分を否定。自己肯定感の低い人ほど、お部屋を変えたことでの効果は絶大ですよ。生きることと自体が楽しく、どんなに落ち込んでも、すぐに最高の自分に戻すことだってできるようになれます。

自分の心と空間をチューニングする

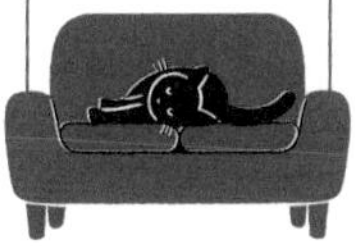

何度かお話ししてきましたが、自分の心の声がなんなのか。それすらわからなくなってしまっている人はとても多いです。

それはずっと人に合わせてきたから。自分さえ合わせればうまくいく。そんな処世術を無意識のうちに身に着けてしまった人にとって、心の声を聞くことは、何よりもハードルの高いことです。

そしてそういう方こそ、なんか違う…、でも何が原因なのかわからない…。このループにはまり続けていたりします。

実際にこの方は1年前にリノベーションをして、お家を丸ごと自分好みに変えました。なのに、またここにはまってしまったわけです。時間とお金と労力をかけて、このお悩み…悲しいですよね。でも先ほども申し上げた通り、表面上のヒアリングだと、結局本当に望むところまで行けないのは、お話しした通りです。

ではこちらの方は、何を求めていたのか…。最初は我慢の蓋が重すぎて、なかなか深掘りできなかったのですが、ついに見えてきました。

それが「優しさ」「柔らかさ」「繊細さ」「丸み」「温かさ」「明るさ」だったんです。

これ、どういうことかというと…そう、先にもお話ししましたように女性らしさなんです。実は、これは私がこれまで数多くのお客様の深掘りをしてきた中でわかってきたことですが、多かれ少なかれ、深掘りをしていくと、このキーワードを求める方が9割以上いらっしゃいます。

そう、つまり私たちは年齢を重ねるごとに変化していく自分の心と身体、そして気遣いをしていく中で忘れていく自分が本当にありたかった姿。ここに乖離《かいり》が生まれていて、それを本能的に求めようとする傾向にあります。

ましてや40代を過ぎれば女性ホルモンのバランスも崩れることもあり、より女性らしい

ものを求めるようになるようです。

この方も心地よく感じられない最大の理由はそこにありました。それを空間でチューニングしていきました。

具体的にしたことは、ラグとクッションを取り入れたことです。実はここで取り入れた色は、奥様がカーテンに選んでいた色とリンクさせることができました。

そう、元々気に入って選んだリネンのカーテンもより素敵に引き立つようにしたんですね。でも、したことはたったそれだけです。ほんの少しのことで、空間から溢れだすエネルギーをガラッと変えることができたんです。

次ページの写真を見てください。ビフォーは、何となくウィスキー片手にくつろいでいる男性が似合う感じがしませんか。でもアフターは優しさが溢れていますよね。結果、奥様の悩みも解決。

心の奥底の望みを引き出すのは、物凄く大変でしたが、それが見えた後にすることは非常にシンプルで簡単だったわけです。

これ、何が言いたいかというと…よく、お部屋が心地よくない…と思っている方とお話しすると、「このソファもこのダイニングも今の好みと違うから、買い替えないと解決しない…」なんていうふうに、目の前にある問題点を変えないと解決しないと思っている方が非常に多いですが、大抵の場合、原因はそこではありません。

お互いに好きなものを取り入れているのにどうもしっくりこない…。

ラグとクッションで、繊細さや優しさを表現。カーテンと色も繋がり素敵な空間に。

そんな大掛かりなことをしなくても、前章でお話ししてきたような、フォーカルポイントを決め、家具を真ん中に置くことで解決することもよくありますし、今回のように小物でチューニングすることで解決することも非常に多いです。

視点を変える。そこも皆さんに知ってほしいポイント。

もしあなたが、お部屋の心地が悪いと感じていたら、ここまでお伝えしてきた内容で根本解決できる可能性は非常に高いので、ぜひ諦めないでください。

空間のチューニングは、小物だけでできることは多いです。全く買わないわけではありませんが、照明やラグやクッションなどでしたら、数千円から数万円ぐらいで解決しちゃうわけです。

「もうどうしていいかわからない…」という長年の悩みがこの金額で解決し、毎日笑顔になって気持ちまで変わって、その先の未来まで変わるとしたら…安すぎますよね！

センスがいい人が陥りがちなこと

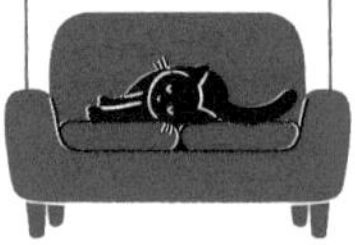

インテリアにセンスは必要ない。

ここまでで、その言葉の意味がだいぶわかったのではないかなと思います。

でもそうはいってもセンスがある人がいるのも事実です。もう何度羨ましいと思ったことでしょうか（笑）。

私は一度恥を忍んで、聞いてみたことがあります。その人に「どうしたらこんなふうにオシャレになるの」と。

そうしたら回答が、「なんとなく」だったんです…（笑）。「全く参考にならない！」なんて思いましたが、実はセンスのある人はまさに感覚でやっている方が多く、再現性が少ないということも、最近よくわかってきました。

しかしプロで仕事する以上、根拠と再現性というのは大事です。

実は私のお客様には、一般の主婦やインテリアに対する知識がない方が多いのですが、3割程度の方は同業のプロの方です。これ、私も最初は不安がありました。教えられることはあるのかな…とか。もう、毎回気合い入りまくりで挑んでいました。

でも今日ここでお伝えしている内容をベースに、お部屋を整え棚卸しすることで、自分自身が感覚でやってきたことを言語化できるようになり、仕事の幅が広がったとおっしゃってくださいます。

後は何より、センスだけでは足りない部分が身についたことですね。センスというと皆さん、お部屋をオシャレに見せる方法は得意ですが、これだけだと全く意味がないんですね。

実際に大事なのは「住み手のあなたがオシャレに見える方法」です。

前章の小物の配置でも言いましたが、これが何より大事で、ここについて知ることで、元々お持ちのセンスがより際立ち、引き立つようになってくるわけです。

実際にこの方も、元々ずば抜けたセンスをお持ちで、もうインスタを見ているだけでうっとりしていましたが…。そのころはどちらかと言えば、【お部屋】をオシャレに見えるセンスでした。

実際にお悩みを伺うと、この空間に居ながらも、ご主人がいろいろな場所に自分の物を放置したり、食事もソファで済ましたりで大変ということをおっしゃっていました。

でもそうなる原因は、既に部屋に表れていました。そう、ご主人の居場所が決まっていなかったんです。ご主人の場所を作り、ＬＤも、美味しく食事をとるところ、快適にくつろぐところとして機能させたら、そのお悩みは一気に解決しました。

そしてそのタイミングで、赤ちゃんをご懐妊。今ではこの方のセンスが家族の場所に散りばめられ…、もう最高に素敵なお家に仕上がっていらっしゃいます。

毎回インスタの投稿を拝見すると、まるで物語のように、ひとつひとつのシーンにそこにいるご家族が想像できます。まさに住み手がオシャレに感じられる空間。

こんなふうに、**まず自分自身が主役になり、引き立つ空間が何より大事で、センスはそ**

の後ということ。

それにもかかわらず、多くの方が誤解していて、センスのみで解決しようとしています。だからこそ、見た目は素敵でもいざ住んでみたら心地よくない…というお悩みが生まれていることも、皆さんに気づいてもらいたいと願っています。

オシャレが物に発揮されていた。
【悩み】ご主人の物がすぐ散乱
【原因】ご主人の場所がない

住み手がオシャレに見える空間に大変身!
そこで暮らすシーンが思い浮かぶお部屋。

「狭い・暗い・悲しい」を作り出していた原因

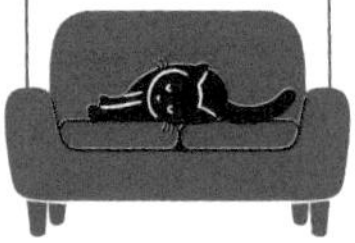

我が家は狭くて、暗い…。家に居てもなんか悲しい、寂しい…。
こんなふうに理由はわからないけど、何となく感じることってありませんか。
私は昔、祖祖父母の家で、トイレが遠くて暗くて、寒くて、ぼっとん便所で…、だから行きたくなかったのを覚えています（笑）。

そう、私たちって居心地の悪さを直感的に感じていて、それが原因で、「何となく嫌だな～帰りたくないな…。あの場所に行きたくないな…」などとジャッジしていたりします。

実際にこの方は、とにかく悲しい、寂しいとおっしゃっていて、「それはなぜ？」と伺っても答えが出てこなかったんですね。

でもそんなときでも、お部屋を見るとそこに答えが隠れていたりします。

当時、自分の場所を寝室に作っていましたが、そこは寝るのをメインにした空間なのもあり、部屋の端で薄暗い空間でした。そう、つまり常にそこにいることで、なんか悲しくて寂しいと感じていただけだったんです。

実際にそれに気づいてから、奥様の場所を、キッチン側に設けました。つまり家の中心部分ですね。そうしたら、ウソみたいに全ての悩みが解決しました。

まず狭いと言っていたのが、自分の空間が家のセンターになり、かつその前に鏡を置いたことで視界と光も広がり最高の場所に。なんか薄暗くて嫌い…と言っていた寝室も、寝室専用の場所になったことで、その薄暗さが快適に変化。


自分のテリトリーが増えたこともあり、部屋が広いと感じるようになったんです。

こんなふうに家全体でパズルの掛け違えが起き、自分の場所が快適に取れないことが原因で、部屋が狭く感じている方は、これまた多くいらっしゃいます。

日本は確かに限られた土地で、そこまで広い家は少ないですが、はっきり言えることは、美味しく食事をとる場所・快適にくつろぐ場所・集中して学ぶところ・心地よく眠るところをきちんと切り分けていくと、家は確実に広く感じます。

暗くて寂しくて狭く感じたのは
部屋の端っこに自分の場所が
あったから。

明るい部屋の中心に奥様の場所を作っただけで
気分がガラッと変わった。

恐らくあなたの家でもまだまだ活用できる場所はあると思います。その見直しだけで家への感じ方は変わってくるので、そこもまた面白い部分です。

大事なのは実際の床面積ではありません。自分自身が快適に過ごせる場所がどれぐらいとれるかどうか。ここで家の広さの感じ方は変えることができるということの魔法。まだ知らない方が多いと思うので、お伝えしておきます。

家は繋がるもの、育てるもの

この章では、買わない・捨てないを超えて、自分自身が本当に望む空間を表現するための事例と方法について触れてきました。

家が自分自身の心と繋がっていて、潜在意識レベルで求めているものを表現すると、未来をも変えることができるということがおわかりいただけたと思います。

家の中が最高の場所だと、いつでもそこと繋がり、同期化し、最高の自分になれます。

これができるようになると、自分の外の世界。つまり人間関係でも、よい繋がりを保てるように変化していきます。そう、家は自分の心、つまり自分自身でもあります。

ここで、その一番ベストな自分に繋がるコツが掴《つか》めると、より生きやすくなることができるわけです。

もちろん生きていればいろいろなことがありますし、凹むこともあります。それでも最高の自分に同期化して元に戻せるようになると、自分にとって心地よい場所が本能的にわかるようになるので、変な出会いも減り、自分に合った人間関係・情報を選ぶことができるようになります。

そう、つまりずっと成長することができるわけです。

そしてもし、最高の自分を更新したくなったら、それを空間に反映する。これを繰り返していくと、気付くと想像もしていなかったステージに上がれていることもよくあります。

いつまでも同じところにとどまり続ける自分と1年後に想像もしていない姿になっている自分。あなただったらどちらを選びますか。

家は繋がるものであり、育てるものです。

よく家を買ったら、なるべく高く売れるように、画びょうもあけられない…という方や、傷をつけないように綺麗な床にカーペットを敷きっぱなしとかよく伺いますが…。

壁に穴をあけないと素敵なお家にならないというわけではありませんが、そんなふうに家という箱を重要視しすぎると、大切なポイントがずれて、お部屋がもたらすメリットを感じることができないのもまた事実です。

家はここまでお話しした通り、とにかく物凄い効果を与えてくれる場所になります。それを綺麗さっぱりの箱にして、十年後たとえ高く売れたとしても、そんなふうに過ごしているお家は、その期間はあなたに何も与えてくれません。

家の価値は買ったときがピークでも、綺麗に保てば価値が高いわけでもありません！　あなたの心にフィットしたときに最高の価値を発揮します。とにかく今を楽しんで今を感じて！　ここに本当に気付いてもらいたい。

家はあなたの一番の理解者であり、パートナーになれる最高の場所です。

あなたを入れるための、単なる箱にするか。あなたの人生を一生サポートしてくれる最大のパートナーにするか。あなたならどちらを選びますか？

おわりに　誰でもいつでも主役になれる

誰でもいつだって、自分の人生の主人公になることができます。
それは私がこれまでの経験を通じて、確信してきたことです。

ただ当たり前ですが、私たちは年を重ねるごとに、さまざまな経験をし、いろいろなものを抱えて生きています。だからこそ未来に対する希望よりも、過去の思い出と繋がっていたくなる時期は来るのかもしれませんし、それは全く否定しません。

それがあなたの未来を明るくし、元気にしてくれるものであれば、いいと思います。でもそれが原因で、前向きになることができない…、ついつい過去を振り返ってしまう。そんなときには、心が物に支配されていないか、ちょっと考えてみるのもいい時期かもしれません。

本来、私たちが作り出した物は、自分たちを豊かにするために存在します。つまり物よりも自分たちが上にいる状況であるはずです。

だからこそ、まずこの本でお伝えしたように、自分ファーストな空間、【物が主役の家】から【あなたが主役の家】に変えていってみてください。そうすることで、物への見方・感じ方は確実に変わってきます。ホテルのような、自分をＶＩＰ扱いできる空間を自宅に作ることはできます。

そしてそれが見えたとき、そこにその物が要るのかどうか。改めて感じてみてください。

実際に私のお客様でも、もう何十年も手放せなかった思い出の物が、自分が主人公の空間が見えたことで手放せ、毎日を、未来を楽しんでいる方は非常に多いです。

いくつになっても人生の主役になることはできます。

もしあなたが20代なら、迷わずにあなたが主役になる暮らしを今すぐ体感してみてください。そうしたらあなたは本来の自分を受け入れてくれる相手と出会え、幸せになることができるでしょう。

もしあなたが30代でまだお子さんが生まれる前でしたら、少し余裕のある時期ですね。この時期に自分と家族が主役になる暮らしを手にしておくと、この先が物凄くラクになると思います。

そしてもしあなたが40代で子育て真っ最中だとしたら、今一番しんどいですよね…。自分の気持ちを忘れて、日々追われる毎日にイライラしているころだと思います。

そんなときこそ、インテリアの仕掛けの時間です。ここで学んだ仕掛けをお部屋中に散りばめれば、気持ちがガラッと変わり、気付けば笑顔になることができます。

もしあなたが50代でしたら、いろいろと一段落したころだと思います。ここからこそが、あなたの人生です。これまで我慢してきた思い・忘れてきた思いを大切に、本来の自分の在りたい姿を部屋に表現していきませんか。誰にも気を遣うことはありません。

あなたが在りたい女性らしい自分・可愛い自分・優しい自分がお部屋に表現されれ

ば、そんなお部屋があなたを一番に応援してくれます。

そしてどんなときでも素敵な自分でいられるので、新しい出会いも増え、より充実した日々を送ることもできるようになります。


もしあなたが60代以上だとしたら、今ご主人とおふたりか、もしくはおひとりでお過ごしの可能性もあると思います。これまで生きてきたたくさんの思い出と、ここから先の人生とでいろいろなことを考えられる時期でもあると思います。

でも人生100年時代。まだまだ長いです。過去の思い出の物ももちろん大事ですが、ゆったりとあなたが主役になる人生を楽しんでみませんか。


持て余しているお部屋だって、自分専用のウォークインクローゼットルームにしたら、とっても豊かな気持ちになりますし、使わなくなったお子さんのお部屋は、お子さんの物も片付け、ゲストルームとして機能させれば、人が集まりやすいものです。

何よりも…親が元気に今を生きている。子供としてそれほどうれしいことはありませんし、実家にも戻りたくなるものです。またその在り方を伝えられることも、今だからできる子育てのひとつではないでしょうか。

本書では、「ソファを真ん中に置く」を通じて、インテリアテクニックはもちろん、自分の人生の主人公として生きるための方法についてお話しさせていただきました。

あなたの家はあなた自身です。

生きてきた時間が長ければ長いほど、心の方から変えるのはなかなか難しいですが、空間が変われば、心は案外ころっと変わるものです（笑）。

それは本書の事例を見ていただいても、おわかりいただけたと思います。でも皆さん、数か月前まではあなたと同じ状況でした。つまり何歳からでも挑戦することはできます。

自分が自分の人生の主役になる暮らしは、とにかく楽しいです。そしてとにかく幸せで、それは周りをも笑顔にします。そんな奇跡はあなたにも必ず起きます。

本書を通じて、あなたのお部屋がより心地よく、あなたの人生もこれまで以上に輝かしいものになることを願いつつ、ここまでお読みいただいたことに、心より感謝申し上げます。

最後に…今回、夢にまで見た出版を叶えることができました。ここまで来られたのは、スクールのメンバーさんを始め、出会ってくださった全てのお客様、そしていつも応援し続けてくれた仲間や関係者の皆様。私の出版したい！　をずっと応援し貴重なアドバイスを惜しみなく提供してくださった、講師・作家・経営者の春明力さん、同じく（株）マインドプラスの須山悦子さん。最高の出版になるように盛り上げてくれた銀河のバスガイドのじょんこさん。私の実験台になってくれて、沢山の気づきと愛をくれた家族、今の私のベースを作り、帰りたくなる実家を作り続けてくれる両親。

そして私の思いや言葉を汲んで、読みやすく素敵なブックデザインをしてくださった原田恵都子さん、本書にぴったりの可愛らしいイラストを描いてくださった山口歩さん、最高の一冊になるようにと、とにかく最後まで一緒に悩み、考え伴走してくださった自由国民社の井上はるかさんの存在があってこそです。

皆様との出会い、そして数多くのご協力・ご声援に心から感謝を申し上げます。

本当にありがとうございました。

内藤 怜
（レイチェル）

インテリアコンサルタント・講師
ドラマ・映画のインテリア研究家
早稲田大学卒業後、旅行会社に就職するも半年で退職。うつ病を発症するが、あるとき素敵な店舗ディスプレイに心を奪われ、自分の部屋を変えたことで運命が変わり始める。全国の結婚式場やホテルから店舗やサロンのコーディネートまで、インテリア歴は20年。
インテリアは【自分】で変えるから、人生が変わる。
そこに気づき、2021年にこれまでの経験を全てテキスト化し、【買わない・捨てない】で【自分の手】で胸がキュンとする部屋を作るオンラインスクールを開校。北海道から九州まで全国から参加があり、リアルに会うことなく、参加者自らの手で史上最高の空間を作り上げており、従来のインテリアコーディネートの常識を覆す。
これまでのプロジェクト数は500件以上。顧客数は1000人を超える。成功率は97%以上、
顧客満足度は90%以上で申込みが殺到している。

【ご購入者限定の特典】
無料メールレッスン1年分をプレゼント!
QRコードよりご登録いただけます。

ソファは部屋の真ん中に
買わない・捨てないで部屋は心地よくなる

2023年12月27日　初版第1刷発行
2024年 8月 1日　初版第2刷発行

著　者　内藤 怜
発行人　石井 悟
印刷所　横山印刷株式会社
製本所　新風製本株式会社
発行所　株式会社自由国民社
〒171-0033 東京都豊島区高田3-10-11
03-6233-0781(代)
https://www.jiyu.co.jp/

イラストレーション／山口歩
ブックデザイン／原田恵都子(Harada+Harada)
本文DTP／有限会社中央制作社
編　集／井上はるか(自由国民社)
写真協力／atelier monogatari(p155上,156,157)

本書の全部または一部の無断複製(コピー、スキャン、デジタル化等)・転訳載・引用を、著作権法上での例外を除き、禁じます。ウェブページ、ブログ等の電子メディアにおける無断転載等も同様です。これらの許諾については事前に小社までお問合せ下さい。

また、本書を代行業者等の第三者に依頼してスキャンやデジタル化することは、たとえ個人や家庭内での利用であっても一切認められませんのでご注意下さい。

ⓒ Rei Naito 2023 Printed in Japan